[...]e pour le Doctorat

Par

Prevost (Henry)

Paris 1856.

FACULTÉ DE DROIT DE PARIS.

Thèse
POUR LE DOCTORAT

L'acte public sur les matières ci-après sera soutenu
le jeudi 22 mai 1856, à midi

PAR

Henri PREVOST
Avocat à la Cour impériale de Paris
Né à Montfort-l'Amaury (Seine-et-Oise) le 11 juin 1833.

Président, M. ORTOLAN, Professeur.

Suffragants : MM. PELLAT, OUDOT, DURANTON, Professeurs.
DEMANGEAT, Suppléant.

PARIS
J.-B. GROS, IMPRIMEUR DES TRIBUNAUX,
RUE DES NOYERS, 74.

1856

A MON PÈRE

A MA GRAND'MÈRE

A mon Frère

A M. LOUIS BRÉSILLION.

DE LA COMPENSATION.

PRÉLIMINAIRES.

Souvent deux personnes sont respectivement créancières et débitrices l'une de l'autre ; chacune d'elles pourrait, par conséquent, exercer contre l'autre des poursuites, la forcer au paiement. Au lieu de les mettre ainsi dans l'obligation de se payer tour à tour, de reprendre d'une main ce qu'elles ont donné de l'autre, n'est-il pas plus simple, plus rationnel, d'établir une balance réciproque entre les deux dettes et les deux créances, et de n'obliger qu'au paiement du reliquat celle des deux parties qui s'en trouvera débitrice ? Cette balance réciproque, cette défalcation d'une dette sur une créance, s'appelle en droit compensation.

« Compensatio, dit Modestinus, est debiti et crediti inter se contributio (1). »

La compensation a pour fondement la justice et l'utilité :

La *justice* : Primus et Secundus se doivent réciproquement une même somme ; l'équité ne serait-elle pas blessée, si l'un d'eux pouvait forcer l'autre à payer, tandis que de son côté il refuserait de s'acquitter ? On ne peut mettre ainsi un débiteur honnête à la merci d'un créancier sans foi. La compensation a pour but de prévenir un résultat aussi contraire à la justice, d'empêcher la partie qui paierait la première de rester exposée à l'insolvabilité du débiteur qu'elle a désintéressé.

L'*utilité* : la compensation évite des lenteurs, des déplacements, des frais ; elle prévient le circuit de deux actions. Il est naturel que chacun retienne en paiement de ce qui lui est dû ce qu'il peut devoir de sa part. « Ideo compensatio, dit « Pomponius, necessaria est, quia interest nostra « potius non solvere, quam solutum repetere (2). »

Maintenant que nous connaissons la nature et l'utilité de la compensation, nous allons voir de quelle manière elle a été comprise et organisée en Droit romain, sous notre ancienne jurisprudence, et enfin par le Code Napoléon.

(1) F. 1. Dig., de compensationibus, XVI, 2.
(2) Fragm. 3, Dig., h. t.

PREMIÈRE PARTIE.

DE LA COMPENSATION EN DROIT ROMAIN.

CHAPITRE Ier.

La compensation est présentée par les *Institutes* non comme un mode d'extinction des obligations, mais simplement comme un moyen donné au défendeur de repousser en tout ou en partie la prétention de son adversaire en prouvant que celui-ci se trouve être son débiteur (1). La compensation se lie intimement à la procédure ; qu'on nous permette, en conséquence, de donner quelques détails sur les divers systèmes de procédure qui ont été

(1) Just., Inst., lib. IV, t. 6, §§ 30 et 39.

successivement en vigueur à Rome. Ils sont au nombre de trois :

1° Le système des actions de la loi ;
2° La procédure formulaire ;
3° Enfin la procédure extraordinaire.

1° *Actions de la loi.* La procédure des actions de la loi commence en quelque sorte avec Rome elle-même ; organisée par la loi des Douze Tables, elle a un caractère tout particulier, elle est pleine de formalités bizarres. Il y avait cinq actions de la loi qui étaient à proprement parler cinq modes de procéder tout différents. On possède très-peu de détails sur ces actions ; le seul manuscrit de Gaius les a mises en lumière. Aucun passage de cet auteur ne nous indique positivement que la compensation ait trouvé place dans ce système de procédure. Il est assez probable cependant que l'on pouvait opposer la compensation dans l'action de la loi *per judicis postulationem*. Le juge, en effet, y jouissait d'une plus grande latitude pour apprécier les prétentions réciproques des parties. Toutes les vraisemblances se réunissent pour faire penser que l'on recourait principalement à la *judicis postulatio* pour les demandes qui, plus tard, dans la procédure formulaire, furent appelées actions de bonne foi (1). Peu à peu les actions de la loi devin-

(1) Cicéron, de Officiis, 3, 10.

rent odieuses, *in odium venerunt*, comme dit Gaius. Leur formalisme rigoureux, les embûches qu'elles tendaient en quelque sorte aux plaideurs, leur avaient attiré l'animadversion publique. Elles furent abolies en partie par la loi *Æbutia*, et enfin complétement par les deux lois *juliæ* sous Auguste. Le système formulaire les remplaça.

2° *Système formulaire*. Ce qui caractérise ce système de procédure, c'est la distinction entre le *jus* et le *judicium* ; entre le préteur et le juge. Dans toute instance, les parties comparaissent d'abord devant le préteur ; ce magistrat écoute leurs dires respectifs, non pour statuer lui-même, mais pour constater leurs prétentions réciproques. Il leur délivre une formule contenant nomination d'un juge, indication du fait au sujet duquel s'élève le litige (*demonstratio*). La formule mentionne en outre la prétention du demandeur (*intentio*), et enfin confère au juge le pouvoir de condamner ou d'absoudre (*condemnatio*) (1). Ordinairement lorsque l'*intentio* se trouvait vérifiée, le défendeur devait être condamné. Nous disons ordinairement, car il n'en était pas toujours ainsi, quelquefois la condamnation était subordonnée à *une autre* condition. Nous voulons parler du cas où la formule contenait une exception. On appelait ainsi une contre prétention élevée

(1) Gaïus, Comment. IV, §§ 40, 41 et 13.

par le défendeur, et qui tendait à neutraliser la demande de son adversaire. Dans une pareille hypothèse, pour que le défendeur fût condamné, il fallait :

1° Que l'*intentio* fût justifiée ; 2° que l'exception ne le fût pas. L'exception la plus usitée était celle du dol. Ce renvoi des parties devant le juge au moyen d'une formule, portait le nom d'action. Comme on peut le penser, la rédaction de la formule était très variable, il y avait un grand nombre d'actions. Nous ne voulons pas entrer à cet égard dans des détails sans rapport direct avec notre matière ; aussi ne nous occuperons-nous que de deux classes d'actions : celle de bonne foi, et celles de droit strict.

On appelait actions de bonne foi celles qui, introduites primitivement pour sanctionner les obligations dérivant des contrats le plus fréquemment usités, avaient fini par s'étendre à tous les contrats ou quasi-contrats, synallagmatiques, parfaits ou imparfaits.

Dans ces actions, les pouvoirs du juge étaient très étendus ; les mots *ex bono et æquo* insérés dans la formule l'autorisaient à prendre pour règle unique les principes de l'équité. « In bonæ fidei « judiciis, nous disent les Institutes, libera potestas « permittitur judici ex bono et æquo æstimandi « quantum actori restitui debeat. » On comprend du reste qu'on ait protégé les divers contrats synallagmatiques par des actions spéciales laissant au juge un assez grand pouvoir d'appréciation. Bien souvent, en effet, la manière plus ou moins complète dont l'une des parties a accompli son obligation, vient modifier l'obligation de l'autre.

Les actions *stricti juris* au contraire dérivaient toutes de contrats unilatéraux, ou de faits producteurs d'obligations unilatérales. Le juge devait suivre les principes du droit civil; il lui était interdit de tenir compte des considérations d'équité, à moins qu'un pouvoir spécial ne lui eût été donné à cet égard, au moyen d'une exception de dol; l'insertion d'une pareille exception dans la formule transformait en quelque sorte l'action de droit strict en action de bonne foi. Disons en terminant, qu'un trait caractéristique du système de procédure formulaire, c'est que la condamnation était toujours pécuniaire, quelle que fût la nature de la réclamation du demandeur. Ajoutons enfin que, dans quelque cas particuliers, le préteur ne renvoyait pas les parties devant un juge, il jugeait lui-même. C'est ce que l'on appelait *cognitiones extraordinariæ*.

La procédure formulaire fut abolie par Dioclétien.

3° *Procédure extraordinaire*. Sous ce système de procédure, nous ne retrouvons plus la distinction entre le *jus* et le *judicium*; plus de formules, plus de renvoi des parties devant un juge, le préteur prononce lui-même la sentence. Nous voyons se généraliser et s'étendre à toutes les causes ce qui autrefois n'avait lieu que pour quelques-unes. La condamnation n'est plus forcément pécuniaire, le défendeur peut être condamné, soit à restituer un corps certain, soit à payer une somme d'argent, suivant qu'un corps certain ou une somme d'argent se trouve réclamée par son adversaire.

CHAPITRE II.

De la compensation sous le système formulaire.

Sous ce système, il faut distinguer quant à la compensation entre les actions *bonæ fidei* et les actions *stricti juris*. La compensation n'eut lieu d'abord que dans les premières; c'est même à leur sujet que Gaius nous parle du droit de compenser. Nous avons dit plus haut ce que l'on entendait par actions de bonne foi.

Nous savons que, dans ces actions, le juge prenait pour règle unique les principes de l'équité. Or, la compensation étant une chose essentiellement équitable, on comprend qu'il était de son devoir de l'opérer quant l'occasion s'en présentait. Mais remarquons-le, elle n'avait jamais lieu que *ex eadem causa*, c'est-à-dire seulement dans le cas où la dette du demandeur et celle du défendeur avaient la même origine (1). Le juge, en effet, bien qu'autorisé à tenir compte des principes de l'équité, se trouvait en quelque sorte renfermé dans les termes mêmes de sa formule; il ne pouvait en sortir et s'occuper de dettes auxquelles le contrat cause du litige n'avait pas donné naissance. A la vérité, il semble assez difficile de comprendre que la compensation pût avoir lieu dans les divers contrats synallagmatiques parfaits ou imparfaits où le plus souvent les objets des deux obligations étaient d'une nature différente, non fongibles entre eux; comment, par exemple, compenser l'objet avec le prix de la vente, un esclave avec une somme d'argent? Mais la difficulté disparaît, si l'on se rappelle que sous le système formulaire la condamnation était toujours pécuniaire. Le juge estimait en argent la valeur des objets, opérait la compensation et ne condamnait qu'au paiement du reliquat, celle des deux parties qui s'en trouvait débitrice. A une certaine époque, le pouvoir d'opérer la compensation présentait une fort grande utilité; lorsque les contrats synallagmatiques imparfaits, le dépôt ou le commodat, par exemple, ne produisaient pas d'actions contraires, le commodataire ou le dépositaire n'avaient que la ressource de la compensation pour se faire tenir compte des impenses qu'ils avaient pu faire à l'oc-

(1) Gaïus, Comment. IV, § 61.

casion de la chose. Mais cette ressource n'était pas toujours possible : la compensation, en effet, présuppose l'exercice d'une action ; or, bien souvent, par suite de la perte de la chose ou pour tout autre motif, le créancier n'exerçait pas la sienne; ces débiteurs ne pouvaient ainsi rentrer dans leurs déboursés. Aussi, créa-t-on des actions contraires qui s'exerçaient, soit en même temps que l'action principale, soit même séparément, *etiam sine principali*, comme disent les textes (1).

A côté de la compensation des actions de bonne foi, le manuscrit de Gaïus nous indique deux autres compensations d'une nature toute spéciale, celle de l'*argentarius* et la *deductio* du *bonorum emptor*.

On appelait *argentarii* des banquiers qui faisaient commerce d'argent ; ils se chargaient de payer et de recevoir pour leurs clients. Il arrivait donc assez souvent qu'ils se trouvaient tout à la fois créanciers et débiteurs d'une même personne (2). Lorsqu'ils agissaient pour se faire payer, ils devaient déduire de leur créance ce qu'ils pouvaient devoir. Il fallait, bien entendu, que les deux dettes fussent exigibles et qu'elles eussent pour objet des choses de même nature, pouvant se remplacer l'une par l'autre (*vinum cum vino, triticum cum tritico*), et même suivant l'opinion

(1) Commodat., Frag. 17, § 1, Dig.
(2) Gaïus, Comment. IV, § 64 et 68.

de certains jurisconsultes, de même qualité. Négligeaient-ils d'opérer la compensation? demandaient-ils un seul écu de plus? leur procès se trouvait perdu par plus-pétition.

De ce que nous venons de dire, doit-on conclure qu'il y avait de plein droit extinction des deux dettes jusqu'à due concurrence ; s'il en avait été ainsi, il en serait résulté que le créancier de l'*argentarius* eut été tenu de la même manière que ce dernier, et à peine d'encourir la même déchéance, de déduire de sa créance, lorsqu'il se portait demandeur, ce qu'il devait de son côté à l'*argentarius*, Nous ne pouvons nous ranger à cette opinion.

A notre avis, la déchéance encourue pas l'*argentarius* qui négligeait de défalquer de sa créance ce qu'il pouvait devoir, était, non pas une conséquence de l'extinction des deux dettes jusqu'à due concurrence, mais simplement la sanction du devoir imposé au banquier d'opérer lui-même la compensation. Cette obligation qui pesait sur les *argentarii* tenait à des considérations toutes spéciales à cette classe de personnes et ne devait point par conséquent être étendue aux créanciers ordinaires. Aussi Gaius ne parle-t-il que de l'*argentarius* lorsqu'il nous fait connaître la déchéance dont nous nous occupons, et rien n'indique chez cet auteur que la peine rigoureuse infligée à l'*argentarius* dût être appliquée au cas tout différent, où c'était son créancier qui se portait demandeur.

Parlons maintenant de l'*emptor bonorum*. On appelait *emptor bonorum* l'acheteur de l'universalité des biens d'une personne tombée en déconfiture. Un pareil acheteur se substituait presque complétement à celui dont la fortune lui était acquise, il pouvait exercer toutes ses créances, il était tenu de ses dettes. Lorsque l'*emptor bonorum* poursuivait un des débiteursde la personne tombée en déconfiture, il n'était pas tenu d'opérer lui-même dans l'*intentio* la défalcation de la dette dont le déconfit se trouvait tenu envers ce débiteur. Il se bornait à indiquer au préteur l'existence de cette dette et il en était fait mention dans la *condemnatio*. Ce mode de procéder, tout différent de celui auquel devait recourir l'*argentarius*, entraînait aussi des conséquences qui distinguaient profondément sa situation de celle de ce dernier. Comme la dette à défalquer ne figurait que dans la *condemnatio*, il s'ensuivait, d'une part, que l'*emptor bonorum*, qui omettait de la faire connaître, ne s'exposait pas à la déchéance résultant de la plus-pétition, et, d'autre part, que s'il l'avait signalée au préteur, la mission du juge était d'en opérer la compensation en vertu du pouvoir qui lui était attribué par la *condemnatio*. Ajoutons, comme autre différence, que cette compensation avait lieu, même au cas de dettes de nature différente ; le juge estimait en argent la valeur respective des objets. Elle s'opérait également malgré la non exigibilité de la dette du déconfit, la déconfiture privant du bénéfice du terme.

Sauf les deux hypothèses spéciales dont nous venons de parler, la compensation était d'abord restée étrangère aux actions de droit strict. Il n'en fut pas toujours ainsi. Peu à peu s'établit dans la jurisprudence le principe suivant : Il y a dol à demander ce que l'on sera bientôt forcé de restituer : *Dolo facit qui petit quod mox restiturus est* (1). Sous l'influence de ce principe, l'empereur Marc-Aurèle introduisit la compensation dans les actions de droit strict au moyen de l'exception de dol. Quel était précisément le résultat produit par cette exception lorsqu'elle se trouvait justifiée? Cette question est fort délicate et divise les meilleurs interprètes du droit romain.

Suivant les uns, la justification de l'exception entraînait l'absolution du défendeur ; pour éviter ce résultat, le demandeur n'avait d'autres ressources que d'agir comme l'*argentarius*, c'est-à-dire d'opérer lui-même la défalcation de sa dette sur sa créance.

Suivant les autres, au contraire, l'exception de dol

(1) Loi 8, de doli mali excep., Dig

insérée dans la formule conférait au juge le pouvoir d'opérer la compensation. En un mot, les choses se passaient comme dans le cas de l'*emptor bonorum*.

Pour soutenir la première opinion, on se fonde d'abord sur la nature et l'effet habituel des exceptions. Lors, dit-on, que la formule contient une exception, le juge doit absoudre ou condamner le défendeur suivant que cette exception se trouve ou non justifiée : il n'y a point pour lui d'autre alternative. Pour que le juge pût se borner à diminuer le montant de la condamnation, il faudrait que l'exception eut été mise à la *condemnatio* : or, de l'aveu de tout le monde, celle de dol se plaçait dans l'*intentio*.

En invoque en outre le passage suivant des Sentences de Paul :

« Compensatio debiti ex pari specie et causa « dispari admittitur ; velut si pecuniam tibi de- « beam et tu mihi pecuniam debeas, aut frumen- « tum aut cætera hujus modi licet ex diverso con- « tractu, compensare vel deducere debes. Si totum « petas plus-petendo causa cadis (1). »

Ce texte prouve bien évidemment que le demandeur était obligé d'opérer lui-même la compensation. Lorsqu'il négligeait de le faire, lorsqu'il demandait le montant intégral de sa créance,

(1) Paul (sentent. 2, 5, § 3.)

il s'exposait à perdre son procès : *Si totum petas plus-petendo causa cadis.*

Voici comment on raisonne dans l'opinion opposée : Sans doute, dit-on, l'effet ordinaire de l'exception est d'entraîner, lorsqu'elle se trouve justifiée, l'absolution du défendeur ; mais quelquefois, ainsi qu'on le reconnaît dans le premier système, l'exception amène simplement une diminution de la condamnation. Il est vrai que dans ce dernier cas il s'agit d'exceptions mises à la *condemnatio,* et que celle de dol se plaçait ordinairement dans l'*intentio ;* mais il fort probable que, dans l'hypothèse qui nous occupe, l'exception de dol était modifiée de manière à produire un résultat analogue à ce qui se passait dans le cas du *bonorum emptor.* On ne peut expliquer autrement divers textes qui prouvent bien que le juge avait le droit d'opérer lui-même la compensation : Ainsi la loi 15 *de compensationibus ;* la loi 42 *de donationibus.*

Voici l'espèce de la première loi :

Titius a promis de payer une certaine somme dans un endroit désigné. Il y eu stipulation. La personne à laquelle il a fait cette promesse se trouve lui devoir quelque chose. Titius la poursuit.

Que se passera-t-il ?

La loi nous dit que l'adversaire de Titius pourra opposer en compensation ce qui lui est dû par ce dernier; mais *cum causâ debiti*, c'est-à-dire en tenant compte de l'intérêt que Titius pouvait avoir à payer dans l'endroit désigné.

Cette loi ne peut se concilier avec le premier système. D'après ce système en effet on devrait non pas tenir compte de la dette *cum sua causa*, mais bien absoudre purement et simplement le défendeur, puisque son adversaire n'a pas opéré la compensation.

La loi 42, *de mortis causa donationibus*, nous dit que l'exception de dol insérée dans une action la transformait en action de bonne foi. Or, dans ces dernières, le juge opérait lui-même la compensation, pourquoi veut-on qu'il en soit autrement dans les actions de droit strict ainsi transformées (1)? Du reste, un texte bien formel de Théophile vient trancher la question. Voici ce qu'il dit : «Sed facta « est constitutio Marci imperatoris quæ ait me « stricta actione conventum de solidis decem quum « deberentur, quinque posse actioni opponere ex- « ceptionem doli atque opposita exceptione judici « occasio datur admittendi compensationem et in « solos quinque solidos condemnandi. »

Quant au passage des sentences de Paul, passage tiré du bréviaire d'Alaric et probablement altéré

(1) On peut aussi invoquer, à l'appui de ce système, la loi 38, de rei vindicatione. Nous voyons dans cette loi le juge opérer la compensation.

par les compilateurs wisigoths, il n'est d'aucun poids dans la question puisqu'il est relatif, non pas à la compensation ordinaire, mais bien à celle de l'*argentarius*. Remarquons en effet que Paul nous dit : « Le demandeur qui a négligé d'opérer la « compensation perdra son procès par plus-péti- « tion. » Or, suivant le premier système, ce n'est pas la plus-pétition, mais bien l'exception de dol qui opérerait la déchéance. Ainsi que nous venons de le dire, ce passage se référait à l'*argentarius* : il y a, en effet, grande ressemblance entre les termes dont se sert Paul et ceux employés par Gaïus à propos de l'*argentarius* (1).

Enfin et disons-le en terminant, Marc-Aurèle a bien certainement voulu, en introduisant la compensation dans les actions de droit strict, amener un résultat tout à la fois utile et équitable. Or, avec les effets qu'on attribue dans le premier système à l'exception de dol, on choque ouvertement l'équité; on place le demandeur dans une alternative inique. Il doit, ou tenir immédiatement pour valable une dette sur la légitimité de laquelle il peut avoir des doutes bien fondés, ou s'exposer à perdre le montant intégral de ce qui lui est réellement dû.

Pour notre part, nous adoptons complétement le second système.

(1) Gaïus, Comment., IV, § 68.

Lorsqu'au moyen de l'exception de dol, la compensation eut été introduite dans les actions de droit strict (compensation qui avait lieu forcément *ex dispari causa*, puisque les contrats de droit strict étaient unilatéraux) *a fortiori* dans les contrats *bonæ fidei*, l'on put compenser *ex dispari causa*. Cependant Justinien, au paragraphe 39 de ses Institutes, nous dit que la compensation a lieu seulement *ex eadem causa*. Il y a là une erreur évidente. Les rédacteurs des Institutes avaient sous les yeux le manuscrit de Gaïus, dans lequel cette condition se trouvait exigée à propos des contrats *bonæ fidei*. Cette disposition a été reproduite par mégarde. L'erreur est trop palpable pour donner lieu à discussion; du reste, dans le paragraphe 30, les mots *ex eadem causa* ne se retrouvent plus.

Jusqu'ici nous ne nous sommes occupés de la compensation que dans les actions personnelles; car les actions réelles ne sont comprises ni dans la classe des actions de droit strict ni dans celle des actions de bonne foi; c'est seulement sous Justinien que la compensation devint possible dans les actions réelles. Du reste, bien avant cet empereur, elle était admise dans les *cognitiones extraordinariæ*, c'est-à-dire dans les procès que le préteur jugeait directement. Ainsi, une constitution d'Alexandre

Sévère (1) nous indique la possibilité de la compensation dans les réclamations de fidei-commis. Or, d'après Gaïus, en cas pareil, les parties n'étaient pas renvoyées devant un juge (2)

(1) Const., V., au Code, de Compens., liv. IV, tit. 31.
(2) Institutes de Gaïus. Comment. II, 278.

CHAPITRE III.

De la compensation au temps de Justinien.

Justinien, dans sa constitution 14, au Code, nous dit que la compensation aura lieu désormais *ipso jure* dans toutes les actions, soit réelles, soit personnelles, à l'exception de l'action de dépôt et de l'action intentée contre ceux qui détiennent injustement la chose d'autrui. Mais, pour empêcher que la compensation ne devienne, pour les plaideurs de mauvaise foi, un moyen de prolonger indéfiniment les procès, l'empereur décide que le juge devra tenir compte seulement des créances qui dériveront d'un droit évident, et qui seront liquides.

Quelle est la portée de cette constitution? Jusqu'à quel point a-t-elle innové? Il s'est élevé à cet égard de grandes discussions entre les jurisconsultes les plus célèbres. Suivant Cujas, les innovations de Justinien se borneraient à l'introduction de la compensation dans les actions réelles ; sur tous les autres points il n'aurait fait que constater ce qui se pratiquait avant lieu (1). Doneau croit aussi que Justinien a introduit la compensation dans les actions réelles, mais il ne restreint pas autant que Cujas les innovations de ce principe ; selon lui la condition de liquidité n'était pas antérieurement exigée (2). Du reste les deux jurisconsultes sont d'accord pour reconnaître qu'avant Justinien la compensation avait lieu *ipso jure* dans toutes les actions réelles. Ils attribuent ce changement à Alexandre Sévère. Suivant eux, sous cet empereur, la nécessité de l'exception de dol aurait disparu ; en un mot les contrats de droit strict auraient été, sous le rapport de la compensation, assimilés aux contrats *bonæ fidei*. Ils se fondent sur une constitution de ce prince, et sur certains textes de jurisconsultes contemporains, qui nous indiquent que la compensation avait lieu *ipso jure* dans les actions de droit strict (3). Nous ne partageons pas cette opinion. Remarquons, en effet, qu'à l'époque d'Alexandre Sévère, la procédure formulaire était encore en pleine vigueur ; il n'y avait pas fort longtemps que Marc-Aurèle avait introduit la

(1) Cujas (8, Obs., 16.— 15, Obs., 12.)

(2) Doneau, sur la Constitut. 14. Voir également son comment. juris civilis, liv 16, cap. 15, n° 38.

(3) Const. 4, Cod. de Compens., fragm. 4 et 21 ; Dig., h. t.

compensation dans les actions de droit strict au moyen de l'exception de dol. Pour admettre que dans ces actions elle put avoir lieu *ipso jure*, c'est-à-dire sans le secours d'une exception, il faudrait supposer que sous Alexandre Sévère, l'exception de dol était considérée comme sous entendue dans les actions de droit strict. Or, cette hypothèse est démentie par plusieurs constitutions postérieures qui mentionnent formellement la nécessité de cette exception (1). Quant aux textes invoqués par Cujas et Doneau, ils portent des traces évidentes d'interpolations ; ils se rapportaient primitivement non pas à la compensation ordinaire, mais à celle toute spéciale de l'*argentarius*. A notre avis, c'est seulement lors de l'abolition de *l'ordo judiciorum*, que les contrats *stricti juris* furent assimilés aux contrats *bonæ fidei* ; cette assimilation fut une conséquence de l'admission du nouveau système de procédure. Sous ce système, en effet, la distinction entre le *jus* et le *judicium* ne se retrouve pas ; plus de renvoi des parties devant un juge, plus de formules. La nécessité de l'exception de dol disparaît, c'est le préteur qui prononce la sentence, il ne peut s'autoriser lui-même à tenir compte de la compensation.

Enfin, faisons observer que Justinien, au para-

(1) Const. 11, 14, 17, de rei vindicat., liv. 3, tit. 32. Code.

graphe 30 *de actionibus* (Institutes) fait en quelque sorte l'historique de la compensation. Si Alexandre Sévère eut été, ainsi que le disent Cujas et Doneau, l'auteur d'une innovation aussi considérable, les Institutes nous l'auraient bien certainement indiqué. Nous le répétons, l'assimilation entre les contrats *bonæ fidei* et les contrats *stricti juris*, fut une conséquence de l'abolition de l'*ordo judiciorum:* la constitution 14 de Justinien est le premier monument législatif qui constate ce changement.

Jusqu'ici, nous avons considéré les mots *ipso jure* comme synonimes de ceux-ci : *Sine exceptionis ope*. Nous devons dire que Cujas et Doneau ne sont pas d'accord pour leur donner ce sens. Suivant Cujas, les mots *ipso jure* doivent se traduire par *ipsa legis potestate ;* il croit qu'en employant ces expressions, on a eu pour but de rendre la compensation légale de judiciaire qu'elle était (1). Doneau pense, au contraire, qu'en s'exprimant ainsi on a voulu simplement faire entendre que désormais la compensation aurait lieu sans le secours d'une exception (2).

Les jurisconsultes sont divisés sur cette question. Doneau, Pothier et Merlin partagent l'opinion de Cujas (3) ; Vinnius, Brunnemann et

(1) Cujas ad Cod. de compens. et passim, in Pauli libri, 1, quæst.

(2) Doneau. Comment. de la Const. 14, Code, no 9, de Comp.

(3) Domat, Lois civiles, liv. 3, tit. 2, sect. 1, nº 4. — Pothier, Traité des Obligations, nº 635, — Merlin, Questions de droit, au mot Papier-monnaye.

enfin la plupart des jurisconsultes modernes tiennent pour Doneau (1). Avant d'exposer les arguments invoqués de part et d'autres, signalons les différences pratiques qui existent entre les deux systèmes.

Si l'on admet que la compensation s'opère par la seule force de la loi, on arrive aux conséquences suivantes :

1° Le défendeur néglige-t-il de faire constater par le juge la compensation que la seule force de la loi a opérée et par suite est-il condamné? il n'a d'autres ressource que de faire réformer la sentence injustement prononcée.

2° Le débiteur qui, pouvant se prévaloir de la compensation, ne le fait pas et paie, ne conserve pas le droit d'exercer son ancienne créance, il peut seulement répéter au moyen de la *condictio indebiti*

3° Lorsque plusieurs personnes sont également tenues d'une dette, la compensation du chef de l'une d'elles les libère toutes.

4° Pour qu'il y ait lieu à compensation, il faut que les objets des deux dettes soient respectivement fongibles : comme de l'argent avec de l'argent, du blé avec du blé, etc., etc.; en dehors de ces cas, la

(1) Vinnius, Inst., § 30, de act., n° 2. — Brunnemann, ad Cod., Const. 14, de Compens.

compensation n'est pas possible ; la loi seule ne peut, en effet, estimer en argent la valeur de deux objets de nature différente et opérer ensuite la défalcation.

Dans la deuxième opinion, on arrive à des résultats tout différents. Nous allons exposer les arguments invoqués de part et d'autre.

Les partisans de la compensation légale s'appuient d'abord sur les mots *ipso jure*, qu'ils traduisent par *ipsa legis potestate*. Suivant eux, ces expressions indiquent qu'un résultat a été produit par la seule force de la loi sans qu'il y ait eu aucun fait de l'homme. Ils citent divers textes dans lesquels les mots *ipso jure* ont cette portée (1).

Ils tirent un autre argument de la loi 10 *de compens.* Cette loi accorde la *condictio indebiti* au débiteur qui, pouvant opposer la compensation, a négligé de le faire et a payé. Si, disent-ils, ce débiteur peut répéter, c'est donc qu'il a payé ce qu'il ne devait pas ; qu'il a acquitté une dette légalement éteinte par la compensation. Ils invoquent aussi un passage des Sentences de Paul, qui nous indique que la compensation avait lieu seulement

(1) Ces expressions ont évidemment cette portée dans le § 3, de Hered. quæ ab intestat, Inst, où l'on dit que les héritiers siens et nécessaires le deviennent *ipso jure*. — De même, la seule puissance de la loi anéantit les legs qui dépassent les trois quarts de l'hérédité. (Frag. 73, § 5, ad legem falc. — Frag. 1, § 5, quod legat.)

ex pari specie, c'est-à-dire dans le cas où les objets des deux dettes étaient respectivement fongibles. Suivant Paul, le débiteur qui négligeait de défalquer sa dette du montant de sa créance, s'exposait à perdre son procès par plus-pétition. Enfin diverses constitutions leur paraissent trancher formellement la question. Elles arrêtent le cours des intérêts au jour de la coexistence des deux dettes. Cela prouve bien, disent-ils, qu'à cette époque ces dettes se sont éteintes de plein droit.

Voici la réponse des partisans de la compensation judiciaire. Et d'abord, quant au premier argument tiré des mots *ipso jure* : 1° Sans doute, dit-on, dans certains textes, les mots *ipso jure* sont employés comme synonymes de *ipsa legis potestate*; mais dans d'autres ils ont un sens tout différent ; ils indiquent que tel ou tel fait est émané du juge en vertu du pouvoir qui lui est directement attribué par la loi, sans qu'il ait eu besoin d'être autorisé par une exception (1). Du reste il leur semble qu'attribuer aux mots *ipso jure* tel ou tel sens, puis s'en servir comme d'un argument, c'est commettre une pétition de principes, puisque toute la question est justement de savoir quelle signification Justinien a voulu leur donner; il serait assez singulier du reste que ce prince, pour introduire une inno-

(1) Loi 27, si unus, § 2, de pactis, et loi 34, qui servum, § 1, de oblig. et actionibus.

vation aussi radicale, pour rendre la compensation légale, de judiciaire qu'elle était, se fût servi d'une expression amphibologique.

2° La loi 10, *de compens.*, accorde, il est vrai, la *condictio indebiti* au débiteur qui a négligé d'opposer la compensation ; mais on n'en doit pas conclure que la dette était éteinte de plein droit. Nous savons en effet que cette *condictio* peut être exercée par tout débiteur qui ne s'est point prévalu d'une exception perpétuelle (1). La loi 7, § 1, *de compens.*, les constitutions 2, 6 et 13 h. t., reconnaissent formellement, à celui qui n'a point opposé la compensation, le droit d'exercer son ancienne créance.

3° Le passage tiré des Sentences de Paul n'est pas fort cencluant, ainsi que nous l'avons dit plus haut ; il se rapportait primitivement, non pas à la compensation ordinaire, mais à celle de l'*argentarius*. Plusieurs textes admettent la possibilité de la compensation même dans le cas où des corps certains sont respectivement dus (2). Cette disposition ne peut s'expliquer qu'en admettant la compensation judiciaire. Sous le système de procédure par formules, toute condamnation était pécuniaire. Le juge estimait en argent la valeur des deux ob-

(1) Fragm. 40, de Cond. Indeb., § 266, Vatic. frag.

(2) Fragm. 18, § 4, Commodat, Dig — Fragm. 10, § 2, Dig. de Compens., Constit. 6 et 8, h. t.

jets et opérait la compensation. Sous la procédure extraordinaire un principe tout différent avait prévalu ; lorsqu'un corps certain était réclamé, le juge devait condamner le défendeur à la restitution de cet objet ; mais bien souvent, par la force même des choses, il en était autrement, la condamnation se résolvait en dommages-intérêts : ainsi, lorsque l'objet réclamé avait péri par le dol ou la faute du défendeur. Dans une pareille hypothèse, la condamnation étant pécuniaire, la compensation devenait possible. Le juge l'opérait.

4° Reste maintenant le fragment 11 et les constitutions 4 et 5 qui arrêtent le cours des intérêts du jour où les deux dettes ont coexisté. Cette cessation des intérêts n'était pas un effet de la compensation légale, mais bien une disposition d'équité : *Æquitas compensationis usurarum computationem excludit*. En effet, ce résultat se produisait à une époque où, de l'aveu de tous, la compensation n'avait lieu qu'*exceptionis ope*, sous Septime Sévère. Après avoir détruit un à un tous les arguments du système opposé, les partisans de la compensation judiciaire en invoquent à leur tour qui nous paraissent décisifs.

Ainsi Gaius au Digeste nous dit : le fidéjusseur peut, à son choix, opposer en compensation au créancier qui le poursuit, ce que ce dernier peut devoir au débiteur principal ou ce qui lui est personnellement dû. Cette faculté d'option ne peut se comprendre si l'on admet le système de la compensation légale. D'après ce système, en effet, le fidéjusseur se trouve forcément libéré par suite de la coexistence de la dette du créancier et de celle du débiteur principal. De plus, Justinien dans sa constitution 14 nous déclare que la compensation est possible dans les actions réelles. Ainsi que nous l'avons dit plus haut, Cujas, Doneau et Brunnemann reconnaissent là une innovation. Or, cette innovation est exclusive de tout système de compensation légale ; que faut-il, en effet, pour que la compensation devienne possible dans les actions réelles ? Il faut nécessairement que l'objet réclamé soit venu à périr par le dol ou par la faute du défendeur. Le juge seul, en pareil cas, peut fixer le montant des dommages-intérêts et opposer la défalcation ; ainsi et disons-le pour nous résumer, à toute époque, la compensation a dû être opposée en justice et opérée par le juge ; mais une fois admise, elle a un effet rétroactif au jour de la coexistence des deux dettes, les choses se passent comme si un double paiement était réellement intervenu à cette époque. La constitution 14 nous signale plusieurs exceptions à la compensation. Elle nous dit qu'elle n'aura pas lieu dans le cas de dépôt, qu'on ne pourra l'opposer à celui qui réclame des biens injustement enlevés. A cet égard, elle n'a pas innové; même sous le système formulaire, la compensation n'avait jamais lieu en matière de dépôt; la chose elle-même devait être rendue: *res ipsa reddenda est*, comme disent les textes (1). C'était, comme on le voit, une dérogation fort remarquable au principe admis sous le système formulaire, principe suivant lequel on était toujours condamné à une somme d'argent. Justinien nous dit aussi qu'il n'y aura lieu à compensation que dans le cas de dettes liquides. Voici, du reste, les termes dont il se sert: « Ita tamen compensationem « objici jubemus, si causa ex qua compensatur li- « quida sit et non multis ambagibus innodata, sed « possit judici facilem exitum sui præstare; satis « enim miserabile est post multa forte variaque « certamina cum res jam fuerit approbata tunc ex « altera parte quæ jam pene convicta est opponi « compensationem jam certo et indubitato debito « et moratoriis ambagibus spem condemnationis « excludi. »

Devons-nous voir là une innovation? Tel n'est pas l'avis de Cujas; selon lui, même avant Justinien, la compensation n'avait lieu que dans le cas de dettes liquides. Doneau ne partage pas cette opinion, il pense que la constitution 14 a exigé pour la première fois la liquidité de la dette opposée en

(1) Paul, 2, sentent., 12, § 12.

compensation. En effet, cette constitution est le premier monument législatif qui mentionne cette condition. Plusieurs textes antérieurs indiquent la possibilité de la compensation dans le cas de dettes non liquides (1). Et encore, suivant Doneau, n'est-ce pas d'une manière absolue que Justinien aurait prescrit la condition de liquidité ; suivant ce jurisconsulte, il y aurait deux cas à considérer. Le défendeur a-t-il commencé par nier sa dette, puis, après beaucoup de chicanes, se voyant sur le point d'être condamné, s'avise-t-il d'opposer une créance en compensation, à moins qu'elle ne soit parfaitement liquide, le juge ne doit point en tenir compte.

Si, au contraire, *ab initio*, le défendeur, tout en méconnaissant l'existence de la dette réclamée, déclare vouloir opposer une créance en compensation, le juge en doit tenir compte, même lorsqu'elle n'est point liquide. Ici, en effet, la présomption de fraude n'existe pas.

Cette distinction ressort avec assez d'évidence de la constitution 14.

Voyons maintenant quelles dettes peuvent être opposées en compensation, qu'elles sont les personnes qui peuvent se servir de ce moyen de défense.

(1) Constitut. 6, de Compens.; loi 46, § 4, de jure fisci. On peut citer aussi fragm. 8 et 10 de Compens.

Une dette à terme ne peut être opposée en compensation : il faut cependant distinguer à cet égard entre le terme ordinaire et le terme de grâce. Ce dernier ne met point obstacle à la compensation. C'est une faveur accordée au débiteur en considération de sa position malheureuse, faveur qui doit cesser avec cette position dès que le débiteur peut payer, ou ce qui est la même chose, dès que la compensation devient possible (1). Une obligation naturelle peut être opposée en compensation; nous dirons le contraire des obligations contre lesquelles on a la ressource d'une exception péremptoire (2). La compensation peut être invoquée contre le fisc, à moins qu'on ne soit son débiteur pour cause d'impôt (3). Le fidéjusseur peut opposer en compensation, soit ce qui est dû au débiteur principal, soit ce qui lui est personnellement dû (4). Quant au *correi debendi*, il faut distinguer à cet égard entre ceux qui sont *socii* et ceux qui ne le sont pas. Les premiers peuvent opposer non seulement une créance qui leur est propre, mais encore une créance appartenant à un de leurs associés. Nous pouvons le conclure par *a contrario* du fragment 10 de *duobus reis* ainsi conçu : « Si duo rei socii non

(1) Loi 7 et loi 16, § 1, de Comp.
(2) Lois 6 et 14, h. t.
(3) Loi 46, § 5, de jure fisci.
(4) Loi 5, de Compens.

« sint, non proderit alteri quod stipulator alteri pe-« cuniam debet. » En décidant ainsi, on évite un circuit d'actions. Qu'arriverait-il, en effet, si le *correus* poursuivi ne pouvait invoquer la compensation du chef de son associé? Après avoir payé, il recourrait contre celui-ci pour sa part dans la dette. Ce dernier poursuivrait à son tour le créancier, il y aurait là un circuit inutile. Du reste, c'est un point formellement reconnu par les meilleurs interprètes du droit romain. Dans le cas, au contraire, où les *correi* ne sont pas *socii*, il n'existe entre eux aucun rapport. Le *correus* poursuivi par le créancier doit supporter seul le fardeau de la dette, il ne peut en aucune manière le faire retomber sur ses co-débiteurs ; aussi Papinien décide-t-il qu'il ne pourra opposer la compensation du chef de l'un de ses *correi*.

Voyons maintenant quel fut le sort de la compensation sous notre ancienne jurisprudence.

DEUXIÈME PARTIE.

DE LA COMPENSATION SOUS NOTRE ANCIENNE JURISPRUDENCE.

Lors de l'invasion des Barbares, la Gaule faisait partie de l'empire d'Occident ; elle était régie par le droit romain. Les constitutions des empereurs contenues dans les codes Grégorien, Théodosien et Hermogénien ; les fragments de certains jurisconsultes, tels que Paul, Ulpien, Papinien, Gaius et Modestin, avaient force de lois.

A ces monuments législatifs s'ajoutèrent plus tard les novelles de Théodose et des empereurs suivants. Nous savons qu'elle était à l'égard de la compensation la doctrine des jurisconsultes dont nous venons de parler.

Les barbares, en s'établissant dans la Gaule, conservèrent leurs usages, leurs coutumes propres, ils ne cherchèrent point à les imposer aux peuples vaincus, ceux-ci continuèrent d'être gouvernés par leurs lois d'origine. Cette personnalité du droit nous est attestée par certains actes de l'époque Franque, par des chartes contenant des *interrogationes in jure;* c'est-à-dire des demandes adressées par un magistrat aux parties qui se présentaient devant lui pour être jugées. *Qua lege vivis?* Sous quelle loi vis-tu? Quel est le droit suivant lequel je dois te juger? demandait-il (1).

Comme on le voit, les Gallo-Romains restèrent sous l'empire des lois romaines, et parmi ces lois celles qui concernaient la compensation continuèrent à les régir; toutefois les innovations de Justinien durent leur rester étrangères, puisque, au moment où cet empereur promulguait sa constitution, la Gaule ne faisait plus partie de son empire. La compensation ne put que subir l'influence des lois barbares, influence que nous ne chercherons pas à déterminer pour ne pas tomber dans une inévitable confusion. Peu à peu les races se mélangèrent, les coutumes personnelles tombèrent en oubli et furent remplacées par un droit territorial. Les capitulaires hâtèrent cette transformation : alors on vit s'établir

(1) M. Devalroger à son cours.

deux législations profondément distinctes : la France, sous le rapport du droit, fut divisée en deux parts : en pays de droit écrit et pays coutumiers. Dans les premiers, le droit romain était presque exclusivement en vigueur ; dans les seconds, au contraire, la coutume était la loi presque unique. A côté de ces deux législations, il s'en établit une troisième, celle de l'Église ou droit canonique. Quel fut, sous ces législations diverses, le sort de la compensation ?

1° *Droit canonique.*

Les tribunaux ecclésiastiques cherchèrent à attirer à eux les causes les plus importantes, ils empiétèrent de plus en plus sur la juridiction laïque. Du reste, ces empiétements leur furent faciles, grâce à leur supériorité sur cette dernière : en effet, dans les tribunaux ecclésiastiques, la procédure, les voies d'exécution, les principes suivant lesquels se rendait la justice, tout en un mot était organisé d'une manière plus équitable et plus savante ; de nombreux emprunts avaient été faits au droit romain.

La compensation fut accueillie avec une grande faveur (1). Les canonistes non contents de l'ad-

(1) On trouve dans les Décrétales de Grégoire IX, liv. 2, tit. 1, un titre de mutuis petitionibus qui est le siége de la matière.

mettre dans le cas de de dettes liquides et certaines, allèrent plus loin encore. Le défendeur avait-il contre le demandeur une créance non liquide ou d'un quantum indéterminé, ils lui permettaient de demander au tribunal les délais nécessaires pour la faire liquider ou constater afin de l'opposer ensuite en compensation. C'est ce qu'on appelle compenser par voie de reconvention et sous ce rapport la reconvention touche de près à notre matière.

D'une manière plus générale on comprend sous le nom de reconvention (*rursus venire*, attaquer de son côté), toute demande incidente formée par le défendeur devant le juge saisi de l'action de son adversaire. Peu importe que cette demande ait ou non pour but d'arriver à une compensation. Comme on le voit, en pareil cas le juge se trouve investi de la connaissance de deux procès, deux contestations sont terminées par un seul jugement. Le défendeur peut ainsi sans recourir au tribunal dont son adversaire est justiciable assurer l'effet du droit qu'il a contre lui (1).

(1) Voici ce que nous dit à cet égard Pyrrhing : « Mutuæ petitiones, nihil aliud sunt quam conventio ex parte actoris et reconventio ex parte rei, qua scilicet reus, facta petitione seu ablato « libello actoris, vicissim aliquid ab eo petit coram eodem judicio et « in eodem judice, etiamsi alias, ille non sit judex competens actoris. » Pyrrhing, liv. II, t. IV, de mut. petit.

Il est à noter que devant la justice ecclésiastique la reconvention était possible même dans le cas où la deuxième demande ne présentait pas de connexité avec la première. Ecoutons à cet égard de Ferrières.

« En cour ecclésiastique, les canonistes tiennent « que reconvention a lieu et que celui qui a fait « citer un autre pardevant un juge d'église peut « pardevant le même juge former toutes sortes « d'autres demandes, quoiqu'elles ne dépendent « pas de la première, pourvu que tel juge soit com- « pétent eu égard à la matière. »

2° *Pays de droit écrit.* — Dans la partie de la France qui était régie par le droit romain, la compensation avait nécessairement lieu. D'abord, elle fut simplement judiciaire puis ensuite sous l'influence de Cujas, elle prit un caractère légal : on la considéra comme un mode d'extinction des obligations.

3° *Droit coutumier.*—Dans les pays de coutume, les choses se passèrent tout différemment; pendant fort longtemps la compensation fut inusitée, repoussée qu'elle était par l'intérêt des seigneurs justiciers. La compensation a pour résultat de diminuer les procès. Or, ces seigneurs étaient intéressés à leur accroissement puisqu'ils en tiraient fort bon revenu. Nous savons qu'on appelait seigneurs justiciers ceux qui jouissaient du droit de rendre la justice, droit qui leur provenait des chartes d'immunité de l'époque Franque (1). La royauté alors affaiblie, pressée de tous côtés par des grands vassaux plus puissants qu'elle, leur avait d'abord concédé des terres ; puis ensuite elle s'était démise en leur faveur de ses prérogatives. Ainsi, dans un certain territoire, elle avait délégué l'exercice de tous les droits dépendants de la couronne : droit de fisc, droit de rendre la justice ; ce dernier droit était fort fructueux. D'abord les seigneurs s'adjugèrent une partie de la valeur des choses qui faisaient l'objet de la contestation ; ensuite ils vendirent les offices de judicature, ils affermèrent les droits de greffe.

Pendant longtemps, dans les pays de coutume, point de compensation. Bouteiller, dans sa Somme rurale, s'exprime, à cet égard, d'un manière bien explicite :

« En cour laye (laïque) n'a lieu cette action de « compensation ou on use de coutume locale, « mais selon le droit écrit veut bien que compen- « sation soit faite en cas qu'ils dépendent l'un de « l'autre (1). »

Mais en 1510, dans la première rédaction de la coutume de Paris, il est parlé de la compensation,

(1) M. Deyalroger à son cours.
(1) Bouteiller. Edition de Charondas, tit. 27.

Voici les termes de l'article 74 : « Compensation a « eu lieu d'une dette claire et liquide à une autre « pareillement claire et liquide et non autre- « ment. »

L'article 6 de la coutume d'Auvergne, portait également : « Compensation n'a point lieu si ce « n'est quand la dette qu'on veut compenser est « liquide et par écrit. (1) »

Toutefois, pour opposer en compensation de pareilles dettes, il fallait une autorisation. On devait se munir de lettres royaux. Ces lettres royaux avaient pour but de permettre au juge de juger contrairement à la coutume, mais conformément aux principes de l'équité ou du droit romain. Le roi, au moyen de ces lettres, intervenait dans les justices seigneuriales, faisait reconnaître sa suprématie.

Ce que nous venons de dire, à l'égard de la compensation, est attesté par Cujas : cet auteur s'exprime ainsi :

« Moribus Galliæ compensatio non fit ipso jure ac « ne remedio exceptionis quidem sed ex rescripto « principis nominatim, par lettres de chancellerie » (Cujas, sur la loi 16, *de compens.*).

Pendant l'espace de temps qui sépare la première rédaction de la coûtume de Paris de sa ré-

(1) Coutume d'Auvergne, Chabrol, chap. 18, art. VI, tit. 3.

formation, en 1580, il y eut progrès à l'égard de la compensation. Les lettres royaux qui d'abord avaient été exigés dans toute espèce de causes et devant toutes les juridictions, ne le furent plus que devant les juridictions supérieures et lorsque les parties n'étaient pas *ejusdem fori* (1). Enfin, l'article 105 de la coutume réformée autorisa la compensation. A partir de cette époque, elle eut lieu dans les pays soumis à la coutume de Paris sans qu'il fut nécessaire d'obtenir préalablement des lettres royaux. La plupart des autres coutumes admirent ce principe ; cependant, certaines restèrent en arrière sous ce rapport. Merlin nous dit, qu'au dix-huitième siècle, dans plusieurs coutumes, la compensation n'avait lieu qu'au moyen de lettres royaux (1). Enfin, en 1790, toutes les différences qui existaient à cet égard entre les coutumes disparurent. Une loi supprima les chancelleries et déclara que dans tous les cas où autrefois il était besoin de lettres royaux, il suffirait maintenant de s'adresser directement aux juges compétents pour la connaissance du fond.

Quant à la reconvention que nous avons vu pratiquée devant les tribunaux ecclésiastiques, elle fut longtemps inusitée devant la justice laïque, à

(1) De Ferrière sur l'art. 105 de la Cout. de Paris, nº 31.

(1) Merlin. Répertoire, vº Compensation.

cause de la patrimonialité de cette justice. Comme nous l'avons dit plus haut, les seigneurs percevaient les produits des diverses justices de leurs domaines ; ils n'auraient pu voir sans déplaisir un tribunal étranger s'attribuer sur leurs vassaux, en vertu de la reconvention, un pouvoir exceptionnel. Aussi l'art. 75 de l'ancienne coutume de Paris porte-t-il : « Reconvention n'a pas lieu en cour laye. » Mais l'art. 106 de la coutume réformée déclare que la reconvention sera possible toutes les fois que la seconde demande présentera quelque connexité avec la première ; mais bien entendu pour former une demande reconventionnelle, il fallait y être autorisé par lettres royaux. Du reste, il y avait à l'égard de la reconvention de grandes diversités entre les coutumes. La coutume de Lille, par exemple, l'interdisait positivement ; elle décidait que reconvention n'a point lieu (1). La coutume de Cambrésis l'admettait seulement dans le cas où la demande reconventionnelle était fondée sur des injures adressées par le demandeur au défendeur.

Ainsi qu'on vient de le voir, l'art. 106 de la coutume de Paris autorisait la reconvention seulement dans le cas où la seconde demande présentait quelque connexité avec la première ; mais, dans la pra-

(1) Coutume de Lille, tit. 10, art. 6.

tique, cette condition ne fut pas observée ; on admit la reconvention même pour des dettes sans aucune connexité avec la demande principale. Aussi Lecamus, lieutenant civil au Châtelet de Paris, regardait-il l'art. 106 de la coutume comme tacitement abrogé, et proposait de le remplacer par celui-ci : « En toutes cours, reconvention a lieu et se peuvent former telles demandes incidentes que le défendeur voudra pour ses défenses. » C'était peut-être aller bien loin. Suivant de Ferrière (1), le Châtelet dispensait de la connexité, seulement dans le cas où la demande principale et la demande incidente tendaient à quelques sommes d'argent *dont la compensation se pouvait faire*. De nos jours, Toullier (2) a nié l'assertion de M. Lecamus et a prétendu qu'il avait pris un abus assez fréquent pour un usage général. Touiller invoque à l'appui de son opinion le témoignage de Pothier et Pigeau ; il cherche à démontrer que l'art. 106 n'avait pas cessé d'être en vigueur et qu'il était le droit commun de la France.

Telles sont les phases diverses qu'ont traversées dans les pays de coutume la compensation et la reconvention. Longtemps repoussées l'une et l'autre par l'intérêt des seigneurs justiciers, elles

(1) De Ferrière sur l'art 106 de la coutume de Paris.

(2) Toullier, tome VII, de la Compensation et de la reconvention.

avaient fini par être d'une application journalière. Les progrès du droit coutumier à cet égard sont dus principalement à l'influence du droit romain, dont les principes avaient été mis en lumière par Duaren, Tyndarus et surtout Cujas. Toutefois, remarquons-le, ces illustres jurisconsultes méconnurent la véritable doctrine romaine à l'égard de la compensation : à Rome, elle n'était que judiciaire, ils la firent légale. Cette théorie erronée obtint l'assentiment de Domat et Pothier, et a été, comme nous le verrons, reproduite par le Code Napoléon.

TROISIÈME PARTIE.

DE LA COMPENSATION SOUS LE CODE NAPOLÉON.

---

§ Ier.

Les rédacteurs du Code Napoléon se sont inspirés des travaux des jurisconsultes leurs devanciers : Domat et Pothier leur ont servi de guides. Ce que nous venons de dire est vrai surtout pour la compensation. Suivant ces auteurs, elle s'opérait par la seule force de la loi, *ipsa juris potestate* ; c'est ainsi, en effet, qu'après Cujas ils avaient traduit les mots *ipso jure* employés par Justinien dans sa constitution 14 ; aussi les rédacteurs du Code nous déclarent-ils que la compensation est légale, ils la considèrent comme un mode d'extinction des obligations. L'art. 1290 porte :

« La compensation s'opère de plein droit par la « seule force de la loi, même à l'insu des débi- « teurs ; les deux dettes s'éteignent réciproque- « ment à l'instant où elles se trouvent exister à la « fois jusqu'à concurrence de leurs quotités res- « pectives. »

Les articles suivants nous indiquent les conditions requises par la loi pour que cette extinction simultanée des deux dettes ait lieu. Voyons à cet égard les articles 1291, 1292 et 1293 :

1291. « La compensation n'a lieu qu'entre deux « dettes qui ont également pour objet une somme « d'argent ou une certaine quantité de choses « fongibles de la même espèce, et qui sont égale- « ment liquides et exigibles. — Les prestations « en grains ou denrées non contestées et dont le « prix est réglé par les mercuriales, peuvent se « compenser avec des sommes liquides et exigi- « bles. »

1292. « Le terme de grâce n'est point un obsta- « cle à la compensation. »

1293. « La compensation a lieu, quelles que « soient les causes de l'une ou l'autre des dettes, « excepté dans le cas 1° de la demande en resti- « tution d'une chose dont le propriétaire a été in- « justement dépouillé ; — 2° de la demande en « restitution d'un dépôt et du prêt à usage ; —

« 3° d'une dette qui a pour cause des aliments « déclarés insaisissables. »

Comme nous le disent ces articles, pour que la compensation légale puisse s'accomplir, il faut :

1° Que les objets des deux dettes soient respectivement fongibles ;

2° Que les deux dettes soient liquides ;

3° Qu'elles soient exigibles.

Nous ajouterons une quatrième condition relative non plus aux dettes elles-mêmes, mais aux personnes.

4° Les deux personnes doivent être respectivement créancières et débitrices l'une de l'autre.

Nous allons examiner d'abord les conditions requises par la loi pour que les dettes puissent se compenser ; ensuite nous dirons entre quelles personnes a lieu la compensation et quels sont ses effets, puis enfin nous parlerons de la compensation facultative dont le Code ne s'est pas occupé, mais qui est admise par tous les auteurs.

§ II.

Des conditions requises par la loi pour que les dettes puissent se compenser.

1° *Fongibilité.* Pour qu'il y ait lieu à compensation légale, il faut non seulement que les objets des deux dettes pris isolément soient fongibles : c'est-à-dire puissent être remplacés par d'autres, qu'ils aient été considérés comme des quantités et non comme des corps certains; mais encore qu'ils soient fongibles entre eux, qu'ils soient susceptibles d'être remplacés les uns par les autres. La raison de cette règle est facile à comprendre. La compensation n'est pas un échange, mais bien un paiement double et abrégé ; ce qui est vrai du paiement l'est donc également de la compensation. Or, un créancier ne peut être contraint de recevoir autre chose que ce qui lui est dû; par conséquent, il ne peut être forcé de le retenir en compensation : *Aliud pro alio invito creditori solvi non potest.* Quand les deux dettes ont un objet semblable, il n'y a aucun inconvénient à ce que le créancier se trouve payé en retenant la chose qu'il devait livrer, puisque s'il l'avait livrée il aurait pu en exiger immédiatement une pareille.

Ainsi on comprend d'après cela que la compensation ait lieu entre deux sommes d'argent, car rien n'est plus fongible que l'argent ; qu'elle ait lieu encore lorsque les deux dettes portent sur des choses fongibles de la même espèce, par exemple sur des barriques de vin de la même année ou du même crû.

Mais il est évident que la compensation est impossible lorsque les deux dettes, ou seulement l'une d'elles, a pour objet un corps certain. Exemple : vous me devez un cheval *in genere ;* de mon côté, je vous dois tel cheval déterminé, lorsque vous agirez contre moi pour obtenir l'exécution de mon obligation, je ne pourrai me prétendre libéré par compensation. On comprend, en effet, que s'il en était autrement, le créancier serait forcé de recevoir une chose pour une autre ; il aurait bien un objet semblable à celui qui lui est dû, mais non cet objet lui-même.

Par identité de motifs, la compensation légale n'a pas lieu davantage dans le cas où l'une des dettes, à côté d'une chose fongible, par rapport à l'objet de l'autre dette, se trouve avoir alternativement pour objet un corps certain. Exemple : je vous dois 500 fr., ou mon cheval, sous une alternative, à mon choix ; de votre côté, vous êtes mon débiteur pour 500 fr. Les deux dettes sont également liquides et exigibles. Lorsque je viendrai vous réclamer le paiement des 500 fr. que vous me devez, vous ne pourrez m'opposer la compensation ; car ce serait me priver de la faculté d'option qui m'appartient, et me forcer à vous payer 500 fr. au lieu du cheval que j'aurais pu vous contraindre à recevoir (1). Les deux dettes

(1) Les lois romaines nous présentent une décision semblable. « Si debeas decem millia aut hominen utrum adversarius volet, ita compen-

deviendront compensables lors seulement que j'aurai déclaré vouloir vous payer les 500 fr.

Maintenant, comment les choses se passeront-elles dans le cas d'une dette facultative? Ici, malgré la faculté réservée au débiteur, la dette n'a qu'un seul objet, la compensation doit donc s'accomplir. Mais comme on ne peut priver le débiteur de son droit de se libérer en donnant la chose qui se trouve *in facultate solutionis*, la compensation n'aura lieu que si ce débiteur laisse passer l'échéance du terme sans déclarer quelle chose il veut donner en paiement. Cependant il est un cas où la différence des choses dues, de part et d'autre, ne met point obstacle à la compensation; c'est ce que nous apprend l'art. 1291 : Les prestations en grains et denrées non contestées, et dont le prix est réglé par les mercuriales, peuvent se compenser avec des sommes liquides et exigibles. Le Code a, dans cet article, apporté une dérogation aux principes; considérant avec quelle facilité les denrées et grains peuvent se convertir en argent, il les a assimilés à de l'argent. Ces denrées se compenseront donc avec des sommes d'argent. Se compenseront-elles entre elles? Quelques auteurs, interprétant d'une manière un peu judaïque l'art. 1292, prétendent que dans ce cas la compensation

satio hujus debiti admittitur si adversarius palam dixisset utrum voluisset (l 22, Scævola, lib. 2, quæstionum.)

n'est pas possible (1) ; nous n'admettons pas cette manière de voir; si les denrées se compensent avec de l'argent, c'est donc que la loi les considère, en quelque sorte, comme de l'argent, et alors, comme toutes autres sommes, elles doivent se compenser entre elles. Nous ne pensons pas, du reste, que la loi, en parlant spécialement des prestations périodiques, ait voulu exclure par *à contrario* de la compensation, toutes autres dettes de denrées; l'article est, à notre avis, énonciatif et non limitatif. Exceptons cependant un cas qui semble, en quelque sorte, imaginé à plaisir. Voici l'espèce : j'achète à Titius dix sacs de blés pour la somme de 300 fr. par exemple. Titius pourra-t il se dispenser de remplir son obligation en se fondant sur notre article? Evidemment il n'en peut être ainsi. Avant tout il faut s'attacher à l'intention commune des parties. Or, il est bien certain qu'en contractant nous n'avons pas voulu arriver à un résultat complétement négatif. Une question plus sérieuse s'élève à propos de l'art. 129 du Code de procédure ainsi conçu : « Les jugements qui condamneront à une restitution de fruits, ordonneront qu'elle sera faite en nature pour la dernière année, et pour les années précédentes suivant les mercuriales du

(1) Aubry et Rau sur Zachariæ, tome 2, p. 107, note 6; — Dalloz, Jur. génér, v° Oblig., page 621, n° 8.

marché le plus voisin, eu égard aux saisons et aux prix communs de l'année, sinon à dire d'experts à défaut de mercuriales. Si la restitution en nature pour la dernière année est impossible, elle se fera comme pour les années précédentes.» La partie condamnée à cette restitution en nature pourra-t-elle compenser la dette résultant de la condamnation, avec une créance de somme d'argent qu'elle aurait elle-même contre la partie gagnante? Quelques auteurs répondent négativement : suivant eux l'art. 129 du Code de procédure est venu apporter une dérogation à l'art. 1292 du Code civil.

Nous ne partageons pas cette opinion; à notre avis, l'article 129 a seulement pour but de régler les restitutions à faire dans tel ou tel cas, il ne s'occupe en aucune manière de la compensation. Si pour la dernière année, les fruits doivent être restitués en nature, c'est parce qu'on suppose qu'ils sont encore en la possession de la personne condamnée; l'article 129 *in fine*, prouve bien évidemment que telle est l'unique pensée de la loi, il nous dit en effet : *Si la restitution en nature pour la dernière année est impossible, elle se fera comme pour les années précédentes*. Or, dans ce dernier cas, on admet bien la possibilité de la compensation; pourquoi veut-on qu'il en soit autrement dans le premier?

2. *Liquidité des deux dettes.* Il faut en outre, pour que la compensation ait lieu, que les deux dettes soient liquides.

Une dette est liquide, nous dit Pothier, « cum « certum est an et quantum debeatur;» lorsqu'il est constant qu'il est dû, et qu'on sait au juste combien (1).

Ne sont pas compensables par conséquent : les dettes contestées et celles dont le montant est indéterminé; mais bien entendu, la prétention inique et ridicule de l'une des parties de ne pas être débitrice, n'empêcherait pas la dette d'être liquide et le magistrat de déclarer qu'il y a eu compensation. Le tribun Jaubert nous l'apprend dans son rapport. (2).

Pothier nous dit d'autre part : qu'une dette contestée doit cependant être considérée comme liquide lorsque celui qui l'oppose est en état de la justifier promptement (3).

La loi en établissant que la compensation n'a pas lieu dans le cas de dettes non liquides ne s'est-

(1) Pothier, Traité des Obligations, no 628.

(2) Fenet, tome 13, page 363.

(3) Voici ce que disait Vinnius à cet égard : « causa liquidam in« terpretamur cum apertum est jus debitoris, qui sibi vicissim quid « deberi intendit et compensationem implorat, id autem ita fit causa « debendi justa est et vera et talem esse in præsentia constet con« fessione debitoris, vel celeriter et expedite probari possit ». (Comment, sur les quatre livres des Institutes, de actionibus, § 30.)

elle pas mise en contradiction avec le principe par elle proclamé, et d'après lequel la compensation a lieu de plein droit sans que la loi se préoccupe de l'opinion des parties sur les dettes? Tel est l'avis de M. Frédéric Duranton : « Comment (1), dit-il, comprendre une semblable condition en présence des principes en vertu desquels la compensation s'opère de plein droit à l'insu des parties, c'est-à-dire lors même qu'elles ne soupçonnent pas l'existence de la créance? Une créance méconnue, ou dont le montant n'est pas encore fixé, n'en existe pas moins en réalité, et puisque la loi ne s'attache pas à l'opinion des parties sur l'existence des obligations (1290), pourquoi la compensation n'aurait-elle pas lieu dans le cas où la dette est controversée ou son montant non fixé (1291) ? Du moment que les créances ont existé simultanément, la puissance de la loi a dû les éteindre, il ne s'agit plus que de vérifier s'il y a eu compensation.»

Sans doute, la loi eût été plus logique en n'exigeant pas la condition de la liquidité. Cette condition se comprenait à Rome, où comme nous l'avons vu, la compensation était judiciaire. On pouvait craindre qu'un débiteur de mauvaise foi, se voyant sur le point d'être condamné, ne se pré-

(1) M. Frédéric Duranton. Art. sur la Comp., page 866. Revue de Législat., tome 3.

valut d'une créance difficile à liquider, imaginaire peut-être, afin de retarder d'autant la condamnation ; mais en droit français, il en est tout différemment ; c'est la toute puissance de la loi qui éteint les dettes lors de leur existence, et par conséquent, comme le prouve très-bien M. Frédéric Duranton, la condition de liquidité n'a point de fondement logique, elle a été introduite *utilitatis causa*. Les redacteurs du code ont reculé devant les conséquences du principe qu'ils avaient proclamé, ils ont mieux aimé être illogiques qu'injustes. Que serait-il arrivé en effet, si le juge avait dû vérifier une créance contestée ou fixer le montant exact d'une créance indéterminée ? Le demandeur, le créancier d'une somme actuellement exigible, aurait vu ses poursuites retardées, il n'aurait pu obtenir son paiement qu'après un temps plus ou moins long ; un terme aurait été mis à une créance pure et simple. Le principe de la compensation légale est mauvais ; on ne peut éviter ses conséquences fâcheuses qu'en cessant d'être logique. Les rédacteurs du code auraient mieux fait d'adopter le véritable système romain, celui de la compensation judiciaire.

3° *Exigibilité des deux dettes*. La dernière des conditions auxquelles le Code a soumis la compensation, c'est que les deux dettes soient exigibles, c'est-à-dire que le paiement en puisse être actuellement demandé d'une manière efficace. Il faut en conclure que la compensation n'a pas lieu dans le cas d'une dette à terme tant que le terme n'est pas arrivé. Nous voulons parler, bien entendu, du terme de droit et non de celui de grâce. L'article 1292 déclare formellement et avec raison que ce dernier ne met pas obstacle à la compensation. En effet, il a été accordé au débiteur, à raison de sa position malheureuse ; il doit par conséquent cesser dès que ce débiteur peut payer, ou ce qui est la même chose, dès que la compensation devient possible. La condition d'exigibilité empêche la compensation d'une dette naturelle, le paiement d'une pareille dette ne peut, en effet, être efficacement demandé. A l'égard d'une dette sous condition suspensive, la compensation n'a pas lieu *pendente conditione*; en effet tant que la condition n'est pas arrivée, il n'y a pas dette, mais seulement espérance, *spes tantum debitum iri*, comme disent les textes. Il en est autrement dans le cas d'une dette sous condition résolutoire, *pendente conditione*, l'obligation existe; le paiement en peut être réclamé, la compensation doit donc avoir lieu ; mais cette compensation est conditionnelle comme la dette elle-même, et par conséquent, si plus tard la condition résolutoire vient à s'accomplir, la dette étant réputée n'avoir jamais existé, la compensation devra également être considérée comme ne s'étant jamais opérée. La faillite d'un débiteur rend toutes ses dettes exigibles, néanmoins il n'y a lieu à compensation que pour les dettes réellement échues indépendamment de la faillite, c'est ce que déclare en termes formels l'art. 449 du code de commerce : « Sont nuls et « sans effet, relativement à la masse, lorsqu'ils « auront été faits par le débiteur depuis l'époque « déterminée par le tribunal comme étant celle de « la cessation de ses paiements, ou dans les dix « jours qui auront précédé cette époque, — Tous « actes translatifs de propriété mobilière à titre « gratuit. »

La raison de cette disposition est facile à saisir. Si l'exigibilité produite par la faillite permettait au créancier de se payer par voie de compensation pour le montant intégral de sa créance, il échapperait ainsi aux effets de la faillite et obtiendrait, par rapport aux autres créanciers réduits par cette faillite à un simple dividende, une situation privilégiée que rien ne justifierait.

Lorsqu'un débiteur tombe en déconfiture, ou lorsqu'il diminue les sûretés qu'il avait fournies à son créancier, il encourt la déchéance du bénéfice du terme, mais cette déchéance ne saurait avoir lieu de plein droit ; elle doit être prononcée en justice, et c'est seulement à dater du jugement que les dettes deviendront exigibles, et, dès lors, susceptibles d'être opposées en compensation.

Dans le cas d'une rente perpétuelle, la compensation a bien lieu pour les arrérages de la rente, mais non pour le capital. En effet, hors les cas d'exception des articles 1912, 1913, le capital d'une pareille rente ne peut être exigé.

Une dette annulable ou prescrite est-elle susceptible d'entrer en compensation? nous ne le pensons pas. A la vérité, tant que la nullité n'est pas demandée ou la prescription invoquée, de pareilles dettes subsistent; mais on ne peut pas dire qu'elles soient exigibles, puisque le demandeur, s'il en poursuivait le paiement, serait facilement repoussé par l'exception de nullité ou de prescription. Du reste, les textes du Digeste nous présentent une solution semblable; ils nous disent que l'on ne pouvait opposer en compensation une créance contre laquelle on avait la ressource d'une exception péremptoire (1). Telle était aussi l'opinion consacrée par l'ancienne jurisprudence. — La compensation est-elle soumise à d'autres conditions? non en ce qui touche les dettes envisagées en elles-mêmes. Ainsi peu importe que la forme extérieure des actes constatant les créances soit ou non semblable; peu importe aussi que le montant des deux dettes ne soit pas égal: la plus forte s'éteindra pour partie; nous trouvons là une dérogation à l'art. 1244. Suivant

(1) Loi 14, Dig. de Compens.

cet article, un créancier ne peut être forcé de recevoir un paiement partiel. Or c'est justement ce qui arrive dans notre espèce; mais ainsi qu'on l'a fait observer, il n'y a pas grand inconvénient à forcer un créancier de recevoir une partie seulement de ce qui lui est dû quand on lui permet de demander immédiatement le surplus. En outre, remarquons-le, si la loi avait admis la compensation seulement dans le cas où le montant des deux dettes serait égal, elle en aurait restreint de beaucoup l'application.

Quoique les dettes soient payables en des lieux différents, la compensation est possible, bien entendu en tenant compte des frais de remise (1). Certains auteurs, se fondant sur les mots : *on n'en peut opposer la compensation*, employés par l'article 1296, ont cru que dans ce cas la compensation était simplement facultative. Nous ne sommes pas de cet avis. La loi, dans notre section, s'occupe uniquement de la compensation légale; les mots précités s'appliquent non aux personnes mais à la dette; ils signifient tout simplement : la compensation sera possible en tenant compte des frais de remise. La loi ne s'attache pas davantage à la cause des dettes, peu importe qu'elles aient une origine différente. Ainsi, une dette née d'un contrat, se compensera avec une autre née d'un délit ou d'un quasi délit.

(1) Delvincourt et Toullier.

Toutefois, l'art. 1293 *in fine*, apporte à cette règle trois exceptions, dont il faut préciser avec soin le sens et la portée. Il n'y a pas lieu à compensation, nous dit-il :

1° De la demande en restitution d'une chose, dont le propriétaire a été injustement dépouillé ;

2° De la demande en restitution d'un dépôt ou du prêt à usage ;

3° D'une dette qui a pour cause des aliments déclarés insaisissables.

La question de savoir quelle application il faut donner aux deux premières dispositions de l'art. 1293, soulève de graves discussions.

Quel but l'article se propose-t-il en déclarant que le spoliateur, le dépositaire et le commodataire ne pourront pas invoquer le bénéfice de la compensation?

1° Quant au spoliateur, l'article, a-t-on dit, était absolument inutile.

En effet, la compensation n'a lieu que dans le cas où des choses fongibles entre elles sont respectivement dues. Or, dans la première hypothèse de l'art. 1293, il s'agit toujours de corps certains.

Lorsqu'un propriétaire a été injustement dépouillé, quand bien même on lui aurait enlevé une somme d'argent, une chose qui dans toute autre circonstance pourrait être considérée comme fongible : ce qu'on doit lui restituer ici, c'est non pas un équivalent, mais bien un *certum corpus*, l'objet même qui lui a été enlevé. Les principes régissant la matière mettaient donc obstacle à la compensation.

2° Il en est de même, ajoute-t-on, dans le cas du dépôt ordinaire. Ici encore, c'est un *certum corpus* qui doit être restitué. Pour donner effet à cette seconde exception, il faut sortir en quelque sorte des termes de l'article et se placer dans une hypothèse fort rare, celle d'un dépôt irrégulier.

Donnons quelques détails sur ce contrat.

Une personne me remet une somme d'argent, à titre de dépôt; il est bien entendu qu'à sa première réquisition je devrai lui restituer non pas les espèces mêmes que j'ai reçues, mais une somme équivalente. Dans une pareille hypothèse, je ne pourrai me prévaloir de la compensation ; le 2° de notre article s'y oppose. C'est le seul cas, disent les partisans du système que nous exposons, où notre article puisse présenter quelque utilité.

3° Reste l'exception relative au prêt à usage. La même objection se reproduit toujours

Le commodataire doit rendre identiquement l'objet qui lui a été prêté; supposât-on qu'une chose fongible a été donnée en commodat.

Or, d'après les principes, point de compensation possible ; inutilité, par conséquent, de l'exception. Ainsi, un caissier, sur le point de subir la vérification, emprunte, pour garnir sa caisse, un certain nombre de sacs d'argent; en pareil cas, il doit restituer les écus mêmes qui lui ont été prêtés. Dira-t-on que l'art. 1293 a pour but d'empêcher la compensation dans le cas où les objets soit du dépôt, soit du commodat, étant venus à périr par suite de la négligence du commodataire ou du dépositaire, ces derniers se trouvent débiteurs de dommages-intérêts. Mais d'abord, tant que ces dommages-intérêts n'ont pas été liquidés et fixés par un jugement, la compensation est impossible, en vertu des principes eux-mêmes; puisqu'elle n'a lieu que pour des dettes liquides. Après la condamnation, au contraire, la dette est liquide, elle est exigible, elle a pour objet une somme d'argent; elle réunit donc toutes les conditions requises par la loi pour que la compensation puisse s'accomplir. L'art. 1293 n'y peut mettre obstacle. Cet article, en effet, se place dans l'hypothèse de la demande en restitution d'un dépôt et non dans celle d'un jugement. D'ailleurs, le dépositaire ou le commodataire condamnés ne sont plus débiteurs à cause du dépôt ou du prêt, mais bien en vertu de la sentence; il y a eu novation judiciaire.

Pothier, du reste, reconnaissait formellement, qu'en cas pareil, la compensation était possible (art. 44, Commodat). Il n'est pas probable que les rédacteurs du Code se soient éloignés sur ce point de l'opinion de ce jurisconsulte, leur guide ordinaire. Ainsi dans ce système, les deux premières exceptions de l'art. 1293 n'auraient d'utilité que pour le dépôt irrégulier, c'est-à-dire pour une hypothèse qui ne paraît pas rentrer directement dans les termes de l'article où le législateur a eu plutôt en vue un dépôt proprement dit.

Mais ne pourrait-on pas donner un effet plus général à ces deux exceptions. Ne vaut-il pas mieux entendre une disposition de la loi dans le sens avec lequel elle peut présenter quelque utilité, plutôt que dans celui qui ne doit amener aucun résultat. A notre avis l'article 1293 metira obstacle à la compensation non-seulement dans le cas du dépôt irrégulier, mais encore dans deux autres hypothèses ; ainsi 1° quand, *ab initio*, les parties auront fixé par une clause pénale le montant des dommages et intérêts qui seront encourus lorsque la chose déposée ou prêtée viendra à périr par le dol ou la faute du débiteur.

2° Lors même que cette clause pénale n'aurait pas été établie d'avance, quand, par suite de la perte de la chose, le dépositaire ou le commodataire auront été condamnés à des dommages et intérêts. Il en serait de même bien entendu pour le spoliateur. Quant à la 1re hypothèse, elle ne peut donner lieu à une sérieuse discussion; en effet, le montant de la clause pénale est l'équivalent de la chose elle-même, il peut être assimilé à cette chose, et on doit lui appliquer les mêmes règles. Dans le cas où les dommages et intérêts ont été fixés par un jugement, il y a un peu plus de difficulté, mais, en définitive, bien qu'il y ait eu jugement, le dépôt, le commodat ou la spoliation sont toujours la cause première de l'obligation du débiteur.

Si on n'admettait pas cette opinion, on arriverait d'ailleurs à un résultat bizarre et qui choquerait évidemment l'équité. Un dépositaire infidèle, un commodataire négligent, qui auraient laissé périr l'objet qui leur avait été confié, seraient mieux traités, sous le rapport de la compensation, qu'un dépositaire irrégulier auquel on n'a rien à reprocher. Ce dernier, en effet, ne pourrait opposer la compensation; eux, au contraire, s'en prévaudraient. Quant à l'argument tiré des termes de l'article (la demande en restitution), il n'est pas très-décisif ; ces expressions en effet, sont trop vagues, le sens qu'elles présentent n'est pas assez précis pour qu'elles puissent être d'un grand poids dans la question. Enfin et en terminant, faisons remarquer qu'une idée bien certaine a présidé à la rédaction de notre article ; il a été inspiré par le désir d'empêcher les spoliations, de prévenir l'infidélité des dépositaires, pourquoi alors ne pas l'entendre dans le sens avec lequel il produira efficacement le résultat désiré. Disons en outre que l'interprétation plus large que nous donnons à l'art. 1293 est bien en rapport avec ce qui se pratiquait à Rome en matière de dépôt et de commodat. Les meilleurs interprètes du droit romain nous disent en effet que, pour que l'exception de Justinien relative à la compensation puisse s'appliquer, il faut nécessairement que l'objet déposé ou prêté soit venu à périr par la faute ou le dol du débiteur (1). On comprend, en effet, que ce dernier se montrera bien plus attentif à conserver la chose, lorsque les dommages et intérêts auxquels il pourra être condamné par suite de son dol ou de sa faute, seront rigoureusement exigés de lui, qu'il ne pourra se dispenser de les payer en opposant la compensation.

3° La troisième exception de l'article 1293 est relative aux créances d'aliments déclarés insaisissables. De pareilles créances ne peuvent être saisies et vendues par les créanciers de ceux auxquels elles appartiennent ; par conséquent, les débiteurs de ces créances ne peuvent se libérer en opposant la compensation. La compensation, en effet, produirait les mêmes résultats qu'une saisie suivie de vente. L'article ne parle que des créances d'aliments déclarés insaisissables ; mais nous devons étendre cette disposition à toute créance de choses insaisissa-

(1) « Si dolo res debita perierit et ita agatur, ad æstimationem « non tamen locum habebit compensatio, tum ob fidem quæ hic exu « berat, tum ne depositarius suo dolo vel lata culpa sibi jus compen- « sandi acquirit. » Brunnemann, ad cod (de Compens)

bles, puisqu'il y a identité de motifs (Voir l'article 581 Code de procédure).

§ 2.

Entre quelles personnes a lieu la compensation?

Nous avons vu quelles étaient les conditions exigées par la loi pour que deux dettes puissent se compenser. Examinons maintenant entre quelles personnes a lieu la compensation. Pour qu'il y ait compensation, il faut deux personnes respectivement créancières et débitrices l'une de l'autre. De là on peut conclure qu'il n'y aura pas compensation entre ce que doit un tuteur et ce qui peut être dû à son pupille et *vice versa*. Les lois romaines nous présentent une solution semblable. De même, dans le cas d'une succession acceptée sous bénéfice d'inventaire, il n'y aura pas compensation entre les créances de la succession et ce qui peut être dû personnellement à l'héritier. On sait, en effet, que l'acceptation bénéficiaire a pour résultat d'empêcher la confusion des biens du *de cujus* avec ceux de son héritier.

Le mari, poursuivi par un de ses créanciers, peut-il opposer en compensation ce que ce dernier doit à la communauté, et notamment une créance qui serait devenue commune du chef de la femme ? La difficulté naît de ce qu'en cas pareil, la créance n'appartient pas au mari débiteur, mais à l'être moral, la communauté. Cependant le mari a qualité, suivant nous, pour exciper de la compensation. En effet, il a sur les biens communs les pouvoirs les plus étendus, il peut disposer des créances communes de la même manière que s'il en était maître, il a le droit d'en poursuivre le recouvrement, il peut employer l'argent qu'il en a retiré à payer ses dettes. Or, c'est précisément ce droit de se libérer de son obligation avec le montant d'une dette dont est tenu le créancier qui forme la base légale de la compensation. Remarquons qu'en décidant autrement nous arriverions à un résultat assez bizarre ; le mari poursuivrait le débiteur de sa femme, il se ferait payer par lui, puis, avec l'argent qu'il en aurait reçu, il le désintéresserait. La compensation prévient ce circuit d'actions. Pothier, du reste, dans l'ancien droit, décidait de même. La même solution est applicable, par identité de motifs, au cas où la créance dépendrait d'une communauté réduite aux acquêts. Que faut-il décider sous le régime exclusif de communauté ? En pareil cas, le mari, comme usufruitier des créances de la femme, en acquiert, pour ainsi dire, la propriété ; il n'y a donc nul obstacle à la compensation légale. Il en est de même sous le régime dotal, lorsque la femme s'est constituée en dot une créance. Sous ce régime, en effet, le mari a le droit d'exercer les actions, tant mobilières qu'immobilières qui peuvent appartenir à sa femme. Il a sur les créances dotales des pouvoirs assez étendus pour qu'on puisse admettre qu'elles se compenseront avec ses dettes. Mais, bien entendu, pour arriver à cette solution, il faut considérer la dot mobilière comme aliénable. Les partisans de l'inaliénabilité de cette dot la regardent comme insaisissable, et n'admettent point, par conséquent, la compensation. Lorsque les époux sont mariés sous le régime de séparation de biens, ou que, mariés sous le régime dotal, l créance de la femme fait partie de ses paraphernaux, le mari n'en ayant pas la libre disposition, cette créance ne peut se compenser avec ses dettes.

Parlons maintenant de la compensation dans le cas de société.

A cet égard il faut distinguer entre les sociétés commerciales et les sociétés civiles. Les premières sont considérées par tout le monde comme des personnes morales ayant leur patrimoine particulier, étant créancières et débitrices pour leur propre compte, indépendamment des créances ou des dettes des associés. Un associé, par conséquent, ne peut, lorsqu'il se trouve poursuivi par un de ses créanciers en même temps débiteur de la société, se prétendre libéré par compensation. En effet, tant que la société dure, l'associé n'a point sa part dans les créances sociales, il n'a droit qu'à des intérêts. Il en serait autrement dans le cas où un créancier de la société se trouverait poursuivi par un des associés, son créancier; l'associé poursuivant est actuellement tenu des dettes sociales, soit pour le tout, soit pour partie, suivant la nature de la société. La compensation légale aura donc lieu, puisque les deux parties sont respectivement créancières et débitrices l'une de l'autre. Quant aux sociétés civiles, tout dépend de l'opinion que l'on adopte à leur égard. Les considère-t-on comme des personnes morales indépendantes des associés, on arrive à la même solution que pour les sociétés commerciales. Si, au contraire, elles ne sont pas réputées telles, chaque associé ayant dès à présent sa part dans les créances sociales, la compensation aura lieu entre ce qu'il peut devoir personnellement au débiteur de la société, et ce que ce débiteur lui doit pour sa part. Quant à nous, nous inclinons à considérer les sociétés civiles comme des personnes morales. Expliquons maintenant l'article 1294 ainsi conçu :

« La caution peut opposer la compensation de ce que le créancier doit au débiteur principal, mais le débiteur principal ne peut opposer la compensation de ce que le créancier doit à la caution. Le débiteur solidaire ne peut pareillement opposer la compensation de ce que le créancier doit à son codébiteur. »

L'article s'occupe : 1° de la caution ; 2° des débiteurs solidaires. Parlons d'abord de la caution. La loi nous dit que la caution peut opposer la compensation du chef du débiteur principal ; elle semble indiquer par là que la compensation n'a pas lieu de plein droit entre le débiteur principal et le créancier, ce qui est une erreur. Lorsque le débiteur principal se trouve créancier de son propre créancier, la compensation a lieu de plein droit ; la caution n'a donc qu'à faire constater, par le juge, la libération résultant de la compensation qui s'est accomplie, et non à faire accomplir la compensation en opposant la créance du débiteur principal. Ce dernier ne peut se prétendre libéré par la compensation qu'il dirait intervenue du chef de sa caution ; celle-ci, en effet, n'est débitrice que conditionnellement, puisque poursuivie par le créancier, elle peut, en lui opposant le bénéfice de discussion, se dispenser de payer actuellement. Or, on le sait, dans le cas d'une créance conditionnelle, la compensation n'a point lieu tant que la condition n'est pas arrivée. A la vérité, la caution poursuivie pourrait, au lieu d'user du bénéfice de discussion, opposer sa créance en compensation, mais alors cette compensation ne serait que facultative. Lors, au contraire, que la caution oppose le bénéfice de discussion et renvoie le créancier exercer des poursuites contre le débiteur principal, si ces poursuites sont inutiles, n'amènent point de paiement, la condition sous laquelle la caution devait se trouver débitrice étant arrivée, il y a lieu à compensation légale.

Occupons-nous maintenant des débiteurs solidaires ; le dernier alinéa de l'art. 1294 s'exprime ainsi à leur égard : Le débiteur solidaire ne peut opposer la compensation de ce que le créancier doit à son codébiteur (1). Les rédacteurs du Code ont, dans cet article, apporté une dérogation au principe suivant lequel la compensation a lieu de plein droit entre personnes respectivement créancières et débitrices. Lorsque Primus et Secundus sont codébiteurs solidaires, chacun d'eux est actuellement tenu de la totalité de la dette ; par conséquent, si le créancier commun se trouve débiteur de Pri-

(1) Ce dernier alinéa n'existait pas dans le projet du Code; il a été ajouté sur la demande du Tribunat. On a présenté les considérations suivantes : « le débiteur solidaire, a-t-on dit, se trouverait engagé, « malgré lui, dans des procès désagréables. Il faudrait examiner, « contradictoirement avec lui, si la dette existe, jusqu'à quel point elle « existe ; si elle est susceptible de compensation. Il est donc naturel « que la compensation n'ait lieu entre deux personnes que pour ce « qu'elles se doivent réciproquement. » Locré, t. XIII, page 102.

mus, les deux dettes devraient se compenser. Mais la loi n'a pas voulu qu'il en fût ainsi ; elle a reculé devant les conséquences de la théorie qu'elle avait admise. Voici les motifs de cette dérogation : on n'a pas voulu que les débiteurs solidaires pussent s'immiscer dans les affaires de leurs coobligés, rechercher s'il n'existait pas quelques causes de compensation, et, de cette manière, les engager, malgré eux, dans des procès. Du reste, le Code n'a fait que reproduire, sur ce point, la doctrine de Domat et de Pothier. Ces auteurs avaient cru trouver dans la loi x de *duobus reis*, la règle qu'ils exprimaient. C'était là une erreur. A la vérité Papinien dit, dans cette loi, que les débiteurs solidaires non associés ne peuvent opposer en compensation une créance qui ne leur est point personnelle. Mais il faut noter qu'il ne s'agissait là que de codébiteurs non associés ; s'il y avait eu société, la compensation eut, au contraire, été possible; c'est ce que l'on peut conclure de ce texte par *a contrario* (1). Or, en droit français, les codébiteurs solidaires ont toujours été considérés comme associés. Pour se conformer à la loi ro-

(1) C'est un point formellement reconnu par Cujas. Voici ce que disait cet auteur : « Ergo si socii sint correi unus, quisquepoterit « compensare quod socio debetur, quia societas facit ut quodam modo « videantur una persona. » Cujas, sur la loi 9 du Code, de duobus reis.

maine, il eut donc fallu décider que la compensation devait toujours leur profiter. Malheureusement Domat et Pothier n'apercevant pas la distinction faite par Papinien, ont transformé, en règle générale, une solution spéciale à une certaine classe de débiteurs solidaires. Les rédacteurs du Code, en reproduisant cette théorie fort différente de celle de la loi romaine, ont dérogé au principe de la compensation légale.

Comme nous venons de le voir, un débiteur solidaire ne peut se prétendre libéré pour le tout par l'effet d'une compensation qu'il dirait intervenue du chef de l'un de ses co-obligés ; le peut-il pour la part que celui-ci doit supporter définitivement dans la dette? Nous ne le pensons pas. En effet, l'article 1294 ne distingue pas entre les deux hypothèses, *et ubi lex non distinguit neque nos distinguere debemus*. Le motif qui a empêché d'admettre la compensation pour le tout, a la même force lorsqu'il s'agit seulement d'une partie de la dette; dans l'un et l'autre cas, le débiteur solidaire viendrait s'immiscer dans les affaires de ses co-obligés. Or, nous le savons, la loi n'a pas voulu qu'un tel résultat pût se produire. Tous les arguments de l'opinion adverse, arguments fondés sur l'utilité, sur le désir d'éviter un circuit d'actions, viennent se briser contre le texte bien formel de l'article.

Maintenant comment les choses se passeront-elles dans le cas de créanciers solidaires? Le débiteur poursuivi par l'un d'eux pourra-t-il lui opposer en compensation une créance qu'il aurait contre un autre? Nous le pensons; nous croyons même que ce débiteur pourra invoquer la compensation pour la totalité de la dette; on ne doit pas appliquer par analogie l'article 1294. Cet article, en effet, apporte une dérogation aux principes de la compensation légale, et les dérogations ne s'étendent point par analogie aux cas non prévus. Du reste nous nions qu'il y ait analogie entre les deux situations. Dans le cas de co-débiteurs solidaires, on n'a pas voulu que l'un d'eux poursuivi par le créancier put se prétendre libéré par une compensation qu'il dirait intervenue du chef de l'un de ses co-obligés, et cela afin d'empêcher, ainsi que nous l'avons fait observer plus haut, les codébiteurs de s'immiscer dans des affaires qui leur doivent être étrangères. Mais ici nous n'avons rien de pareil à craindre; le débiteur invoque ses propres titres et non ceux de personnes étrangères. Pas de raison, par conséquent, de déroger aux principes de la compensation légale. Le débiteur se trouvera donc libéré dès que l'un de ses créanciers solidaires sera tenu envers lui d'une dette. Il nous reste une dernière question à examiner : la caution qui s'est obligée solidairement avec le débiteur principal, peut-elle opposer en compensation une créance appartenant à ce dernier? Nous ne le pensons pas. A notre avis cette caution doit, à cet égard, être traitée comme un véritable débiteur solidaire ; on peut le conclure des articles 1216 et 2021 combinés (1). D'après ces articles, en effet : ce n'est que dans ses rapports avec le débiteur principal qu'un pareil obligé conserve la qualité decaution, vis-à-vis du créancier, il joue le rôle de débiteur solidaire ; par conséquent, comme tout débiteur solidaire, il ne peut opposer en compensation une créance qui ne lui est point personnelle.

§ III.

Des effets de la compensation légale.

Lorsque les conditions dont nous venons de parler se trouvent réunies, les deux créances s'éteignent réciproquement jusqu'à due concurrence, absolument comme s'il y avait eu en réalité un double paiement. De ce que nous venons de dire, nous pouvons tirer plusieurs conséquences :

(1) 1216. Si l'affaire pour laquelle la dette a été contractée solidairement ne concernait que l'un des coobligés solidaires, celui-ci serait tenu de toute la dette vis-à-vis des autres codébiteurs qui ne seraient considérés, par rapport à lui, que comme ses cautions.

2021. — La caution n'est obligée, envers le créancier, à le payer qu'à défaut du débiteur, qui doit être préalablement discuté dans ses

1° Lorsqu'il y a plusieurs dettes également compensables, on suit à leur égard les règles établies par l'article 1206 sur l'imputation des paiements.

2° La compensation peut être opposée en tout état de cause, même en appel; elle fait obstacle à l'exécution du jugement. Dans ce dernier cas, les choses se passent comme s'il s'agissait d'une quittance oubliée ou retrouvée.

3° Lorsque les deux dettes ou seulement l'une d'elles sont productives d'intérêts, du jour où elles ont coexisté le cours des intérêts s'arrête.

4° Les cautionnements, priviléges ou hypothèques s'éteignent de plein droit. Cependant, nous devons faire observer qu'à cet égard la loi apporte une nouvelle dérogation aux principes de la compensation légale. En effet, conformément à ces principes, la personne qui a payé une dette éteinte de plein droit par la compensation, a payé ce qu'elle ne devait pas ; par conséquent, elle devrait avoir une *condictio indebiti*, et non l'exercice de son ancienne action. Il n'en est pas ainsi cependant ; la loi dans l'article 1299, fait une distinction entre le cas où la personne qui a payé, avait un juste motif d'ignorer la créance qui a éteint de plein

biens, à moins que la caution n'ait renoncé au bénéfice de discussion, ou à moins qu'elle ne soit obligée solidairement avec le débiteur, auquel cas l'effet de son engagement se règle par les principes qui ont été établis pour les dettes solidaires.

droit sa dette, et celui où ce juste motif n'existait pas. Dans le premier cas, la loi fait renaître cette créance avec tous ses accessoires, privilèges, hypothèques, etc., etc., etc.

On s'est demandé si, dans le second cas, la créance renaissait de même (sans préjudice, bien entendu, des droits des tiers intéressés à son extinction) ou s'il y avait simplement lieu à la *condictio indebiti*. On comprend tout l'intérêt de la question. En effet, la créance renaît-elle ou plutôt n'a-t-elle jamais cessé d'exister, son propriétaire, si nous la supposons commerciale, pourra en poursuivre le recouvrement devant les tribunaux de commerce, il aura l'exercice de la contrainte par corps ; si cette créance était productive d'intérêts, ils continueront à courir. Dans l'opinion contraire, on arrive à un résultat tout opposé : plus de compétence commerciale, plus de contrainte par corps, une simple action civile en répétition de l'indu, la *condictio indebiti* en un mot. Pour notre part, nous croyons que dans ce second cas comme dans le premier, la créance renaît ou plutôt la loi la considère comme n'ayant jamais été éteinte. Nous nous fondons sur les termes mêmes de l'article 1299, sur les mots; *en exerçant son ancienne créance*. Quant à ce qui concerne l'existence même de la créance, l'article ne distingue pas entre les deux hypothèses dont nous venons de parler ; dans les deux cas il considère la créance comme existant encore, il n'établit de distinction qu'au point de vue des accessoires. Nous croyons que la loi a voulu surtout se montrer favorable au créancier qui n'a pas profité de la compensation ; il faut reconnaître que dans ce but elle a dérogé aux principes, elle s'est montrée illogique, à moins que l'on n'admette, avec certains auteurs, que l'on peut renoncer à une compensation acquise, bien entendu sans préjudicier aux droits des tiers. Les partisans de cette opinion, à laquelle nous nous rattachons, se fondent sur l'article 1299, dont nous venons de parler, et sur l'article 1295 que nous expliquerons tout à l'heure. Suivant eux, ces articles contiendraient des exemples de renonciation tacite à la compensation. Il est tout naturel du reste que l'on puisse renoncer à la compensation, c'est un bénéfice introduit non dans un intérêt public, mais seulement dans l'intérêt des parties. Or, nous le savons, on peut toujours renoncer à un pareil bénéfice ; mais peut-on également empêcher les effets de la compensation pour l'avenir, en un mot renoncer à une compensation future. La question est plus douteuse ; nous pensons cependant qu'on peut ici encore répondre affirmativement. La convention de renonciation n'a rien d'illicite, elle ne nuit pas aux tiers intéressés à l'extinction de la dette puisqu'ils n'ont pas dû compter sur la compensation comme moyen de les libérer. Quant à l'argument que l'opinion contraire tire de l'article 2220 qui défend de renoncer d'avance à la prescription, il ne nous paraît pas décisif. La prescription a été introduite dans un intérêt d'ordre public; s'il avait été permis de renoncer à l'avance au droit de s'en prévaloir, la clause de renonciation serait devenue de style dans les contrats. La prescription n'eut donc plus été en réalité qu'un principe à peu près illusoire, la loi eut manqué le but qu'elle s'était proposé en l'instituant. En outre, remarquons-le, cette clause ne détruit en rien la présomption de paiement ou de remise qui sert de base à la prescription libératoire. En matière de compensation, il en est tout différemment; la compensation est, comme nous l'avons dit plus haut, un bénéfice introduit dans un intérêt privé, rien n'empêche donc d'y renoncer. Expliquons maintenant l'art. 1295 : « Le « débiteur qui a accepté purement et simple-« ment la cession qu'un créancier a faite de « ses droits à un tiers, ne peut plus opposer au « cessionnaire la compensation qu'il eût pu, « avant l'acceptation, opposer au cédant. A l'é-« gard de la cession qui n'a point été acceptée par « le débiteur, mais qui lui a été signifiée, elle « n'empêche que la compensation des créances « postérieures à cette notification. »

Nous savons que la vente d'une créance n'en transfère la propriété que *inter partes*; pour qu'elle soit transférée *erga omnes*, il faut, soit la notification de la cession au cédé, soit l'acceptation de ce dernier par acte authentique. Dans le cas où notification a été faite au cédé, il pourra opposer en compensation au cessionnaire toutes les créances antérieures à cette notification. Dans le cas d'acceptation, au contraire, on verra dans cette acceptation une renonciation de la part du cédé au droit de se prévaloir de la compensation, mais bien entendu cette renonciation ne pourra en aucune manière préjudicier aux tiers qui avaient le droit de se prétendre libérés par la compensation, aux cautions, par exemple. Le cédé n'a pu par son propre fait les priver du bénéfice de la compensation ; mais ici nous devons faire la même distinction que dans le cas de l'art. 1299, nous devons examiner si le cédé a eu ou non un juste motif d'ignorer la créance qui l'avait libéré envers le cédant. Dans le cas où ce juste motif existait, nous croyons que le cédé pourra, en exerçant son ancienne créance, se prévaloir des privilèges ou hypothèques qui en garantissaient l'exercice. Il y a, en effet, analogie complète entre notre hypothèse et celle prévue par l'art. 1299 : *Ubi eadem ratio, ibi idem jus*.

CHAPITRE II.

De la compensation facultative.

Le Code Napoléon ne parle que de la compensation légale, il indique les conditions nécessaires pour qu'elle ait lieu, les résultats qu'elle amène. Tous les auteurs cependant reconnaissent une compensation facultative qui, pour produire son effet, doit être opposée en justice et prononcée par le juge. On l'oppose, soit au moyen d'une exception, soit par voie d'action. C'est surtout dans le premier cas que la compensation est dite facultative; dans le deuxième, la demande incidente s'appelle demande reconventionnelle ou plus simplement reconvention.

1° *De la compensation facultative proprement dite.* — Bien souvent une créance ne réunit pas les conditions requises par la loi pour que la compensation légale puisse s'accomplir, par exemple le terme n'est pas arrivé ou bien il s'agit d'un dépôt irrégulier. Dans ces diverses hypothèses, la personne au profit de laquelle existent ces empêchements à la compensation peut, si elle y trouve son intérêt, renoncer au bénéfice de la loi et opposer la créance.

2° *Reconvention ou demandes reconventionnelles.* — L'obstacle à la compensation légale est ici la non liquidité de l'une des dettes. La dette du défendeur est liquide, il demande à faire liquider celle du demandeur afin d'arriver à la compensation. Exemple : vous me réclamez 20,000 fr.; de votre côté, vous me devez un reliquat de compte, apurons-le pour déterminer le montant exact de votre dette. Telle est la reconvention. Le défendeur n'oppose plus simplement une exception, il se porte à son tour demandeur. Il y a *mutua petitio.* Cela est très-fréquent dans la pratique et rien n'est plus équitable. Les deux dettes ne sont pas compensables *ipso jure,* parce qu'elles ne réunissent pas les qualités nécessaires ; mais puisqu'il est facile de les leur donner, pourquoi ne pas le faire? Le Code Napoléon ne parle point de la reconvention, cependant son existence ne peut être mise en doute en présence de la discussion qui s'est engagée à son égard au Conseil d'État. Le Code de procédure, rédigé plus tard, la mentionne formellement.

Sous notre ancienne jurisprudence, la reconvention avait été réglementée par l'art. 106 de la Coutume de Paris. Ce article l'autorisait seulement dans le cas où la demande incidente présentait quelque connexité avec la principale. Voici la raison qui avait fait introduire cette condition. A cette époque, la justice était patrimoniale, c'était pour les magistrats une source de revenus. Or, la reconvention change la compétence, elle attribue à un tribunal le jugement d'une affaire qui revenait de droit à une autre ; exercée sans restriction, elle eut enlevée aux juges une partie de leurs procès, et par contre-coup une partie de leurs bénéfices. La condition de connexité, en restreignant l'exercice de la reconvention, sauvegardait les intérêts des diverses justices seigneuriales.

Du reste, dans la pratique, on n'observa pas l'art. 106, on admit des demandes incidentes sans connexité avec la principale. Sous l'empire du Code, la patrimonialité de la justice n'existant plus, la seule condition requise pour que la demande incidente soit recevable, c'est que le tribunal soit compétent *ratione materiæ*. Exemple : j'assigne un commerçant devant le tribunal de commerce. Il ne peut opposer à ma demande une créance civile parce que le tribunal est incompétent à raison de la matière, et que cette incompétence est d'ordre public. Ajoutons qu'il faut que la nouvelle action ne soit pas trop longue, ni trop difficile à juger. Le juge, à cet égard, jouit d'un pouvoir discrétionnaire. S'il voit que la reconvention va donner lieu à trop de difficultés, il ordonne la disjonction, et cette nouvelle affaire ira se juger devant le tribunal du nouveau défendeur. Lorsque la compensation est prononcée par le juge, elle produit, au jour du jugement, les effets d'un paiement réel : ainsi les cautions sont libérées, les priviléges et hypothèques s'éteignent. Quelques auteurs vont plus loin, ils admettent que ces effets remontent au jour où la créance a été opposée. Enfin, M. Frédéric Duranton pense que la compensation, une fois admise par le juge, doit avoir un effet rétroactif au jour de la coexistence des deux dettes. Selon cet auteur, à partir de cette époque, la prescription a cessé de courir, le cours des intérêts s'est arrêté, en un mot, il attribue à la compensation facultative des effets identiques à ceux que produisait la compensation romaine, qui, comme nous le savons, était simplement judiciaire (1). Sans doute, ce système est en parfait accord avec l'équité, en outre, il a l'avantage de se rattacher au droit romain ; mais est-ce bien celui du Code ? Nous ne le pensons pas. Il nous semble qu'en définitive il fait produire à la compensation facultative des effets que la loi n'a voulu attacher qu'à la compensation légale. Les jurisconsultes qui ont servi de guide aux rédacteurs du

(1) Ouvrage déjà cité page 871.

Code s'appuyaient sur la cessation des intérêts, au jour de la coexistence des deux dettes, pour prouver qu'à Rome la compensation s'opérait par la seule puissance de la loi. Ils regardaient ce résultat comme incompatible avec un système où la compensation ne se serait effectuée que judiciairement. Il est peu probable que les rédacteurs de notre Code se soient, sur ce point, écartés de l'opinion de leurs devanciers. Aussi, croyons-nous que la compensation facultative ne produira ses effets que du moment où elle aura été déclarée par jugement. Nous ne faisons, du reste, que nous rattacher à l'opinion de la cour de cassation dont la jurisprudence est bien formelle sur ce point (1).

(1) Cassation, 9 novemb. 1836; idem, 16 janv. 1837.

QUESTIONS.

DROIT ROMAIN.

I. — L'effet de la compensation opposée au moyen de l'exception de dol, dans les actions *stricti juris*, n'était pas de faire absoudre le défendeur, mais de donner au juge le pouvoir d'opérer la balance entre les deux dettes, et de ne condamner qu'au reliquat.

II. — La compensation a toujours été judiciaire dans le droit romain.

III. — Le défendeur peut se prévaloir d'une créance même non liquide, pourvu qu'il l'oppose *initio litis*.

IV. — Le défendeur à la revendication qui ne possédait pas au temps de la *litis contestatio*, mais qui possède au moment du jugement, doit être condamné (L. 27, § 1, Dig., *de rei vendic.: nec obstat*, L. 23, Dig. *de judiciis*).

V. — Le mariage ne peut pas se former *solo consensu*.

DROIT FRANÇAIS.

I. — La règle de l'art. 129 du Code de procédure civile n'est pas un exception au deuxième alinéa de l'art. 1291 du Code Napoléon.

II. — Les trois premières exceptions de l'art. 1293 s'appliquent au cas où la dette du spoliateur, de l'emprunteur et du dépositaire se trouve, à raison de la perte de la chose, ou parce que, pour un motif quelconque, elle n'est pas représentée, convertie en dommages-intérêts dont le montant a été liquidé judiciairement ou fixé (pour le cas de dépôt et de prêt à usage seulement) par une clause pénale insérée par les parties, dans le contrat, lors de sa formation.

III. — Le codébiteur solidaire ne peut opposer la compensatipn du chef de son codébiteur ni pour le tout, ni pour la part que celui-ci doit supposer dans la dette.

IV. — La caution solidaire doit être assimilée, en matière de compensation, au débiteur solidaire et non à la caution simple.

V. — Le débiteur qui a payé une dette qui était de droit éteinte par la compensation, conserve l'action de la créance dont il n'a pas opposé la compensation.

VI. — Il est permis de renoncer d'avance au bénéfice de la compensation légale.

VII. — En cas d'inexécution des charges de la part du donataire, le donateur ne peut que faire révoquer la donation.

DROIT CRIMINEL.

I. — C'est à la nature de la première peine et non à la qualification du premier fait qu'il faut s'attacher pour caractériser la récidive.

II. — La tentative d'avortement, non suivie d'effet, n'est pas punie par le Code pénal.

HISTOIRE DU DROIT.

I. — Le droit était personnel à l'époque franque, en ce sens que chaque individu avait le droit d'être jugé suivant sa loi d'origine.

II. — Les justices seigneuriales ont leur origine dans les chartes d'immunités.

DROIT DES GENS.

I. — Les traités de commerce, entre deux nations, ne sont pas anéantis, mais seulement suspendus par l'état de guerre qui survient entre elles.

II. — Une nation peut déclarer ses propres ports en état de blocus.

Vu par le Président de la Thèse,

ORTOLAN.

Vu par le Doyen de la Faculté,

C. A. PELLAT.

Permis d'imprimer :

Pour le Vice-Recteur de l'Académie,

L'inspecteur d'Académie,

DELALEAU.

www.ingramcontent.com/pod-product-compliance
Lightning Source LLC
LaVergne TN
LVHW020413230826
846091LV00004B/1278

9782016144923